U0509372

上 海 家 长 学 校
家 庭 教 育 指 导 丛 书

相旭东　主编

社会发展
与家庭教育

丁敬耘　编著

上海人民出版社　上海远东出版社

图书在版编目（CIP）数据

社会发展与家庭教育/丁敬耘编著.—上海：上海远东出版社，2021

（家庭教育指导丛书/相旭东主编）

ISBN 978-7-5476-1715-1

Ⅰ.①社⋯ Ⅱ.①丁⋯ Ⅲ.①家庭教育 Ⅳ.①G78

中国版本图书馆 CIP 数据核字(2021)第 123455 号

责任编辑 程云琦

封面设计 李 廉

本书由上海开放大学家庭教育教材开发与出版项目资助出版

家庭教育指导丛书

社会发展与家庭教育

丁敬耘 编著

出 版 上海远东出版社
（200235 中国上海市钦州南路 81 号）

发 行 上海人民出版社发行中心

印 刷 上海信老印刷厂

开 本 890×1240 1/32

印 张 7.875

字 数 133,000

版 次 2021 年 7 月第 1 版

印 次 2021 年 7 月第 1 次印刷

ISBN 978-7-5476-1715-1/G·1101

定 价 48.00 元

家庭教育指导丛书

编委会名单

总 序

　　"谁言寸草心，报得三春晖。"孟郊在一千两百多年前，就一语道出家庭养育的真谛。寸草之心，难报三春晖。父母之爱，唯一为了分离的爱，而不是为了回报的爱，更不是为了索取的爱。父母爱孩子，是为了孩子有能力渐行渐远，可以独立生活在这个世界；父母爱孩子，是无私的付出。但是，为什么那么多父母爱孩子，结果是孩子发展得并不好，甚至事与愿违，以至于今天铺天盖地的父母焦虑情绪，把教育工作者挤压得焦头烂额、不得安宁？教育，天底下最美好的事业，不应该这么难呀！

　　中华人民共和国成立 70 多年来，我们的学校教育获得了长足的发展，社会主义建设的伟大成就，离不开从国家最困难时期就始终坚持优先保障的未来事业——教育的成功。今天，我们的教育要满足人民美好生活的需求，需要自我革新，进一步发展，要成为更优秀的教育。家庭教育是当前教育事业发展中的一道坡坎、一个瓶颈。

从 2015 年春节团拜会上习近平总书记强调要注重家庭、注重家教、注重家风，到同年 10 月教育部印发《教育部关于加强家庭教育工作的指导意见》；从 2016 年 10 月全国妇联、教育部等九部门共同印发《关于指导推进家庭教育的五年规划（2016—2020 年）》，到 2019 年 5 月九部门再次印发《全国家庭教育指导大纲（修订）》，再到 2021 年 1 月 20 日，十三届全国人大常委会第二十五次会议审议通过《中华人民共和国家庭教育法（草案）》。每次重要的决策及其精神都显示了我们国家的家庭教育越来越受到重视。它不仅关乎个人成长、家庭幸福、社会安定，更关系到国家富强和民族复兴的伟大事业。

但是，全社会对家庭教育的重视，目前还停留在两个层面的初级阶段。在"供给侧"层面，主要是尚未形成系统化的家庭教育理念、方法的指导和安全警示方面的宣教；在"需求侧"层面，主要是焦虑的家长群体为缓解自己的焦虑而四处求索。家庭教育光靠重视还不够，还需要实务理论体系、公共管理政策及其制度的建设。受上海开放大学王伯军副校长和诸位领导的信任，领命主编本套丛书，我倍感光荣且责任重大。我有幸找来了志同道合的伙伴，我们快速组成了编写团队，期望努力在家庭教育指导工作者培养和家庭教育科学普及方面有所贡献。

本套丛书内容整体编排有一个自下而上，再自上而下的过程：自下而上，是指我们的内容首先来自家庭教育指导第一线实践经验；自上而下，是指在自下而上汇总实践经验的基础上，我们组织专家团队讨论分析，最终确定丛书编写方案。我们力争做到有体系，深入浅出，既有理论深度又有实践经验，用生活化的语言向读者传达科学道理。丛书分为五个分册，从五个侧面阐述了家庭教育及其指导服务。

《家庭文化与家庭教育》可以说是整套丛书的开篇。我们中华民族的文化特征之一就是家国文化，它犹如浩瀚之水，填满每个小家庭的水缸。这浩瀚之水就是家庭文化的共性，它包含了我们的历史、文字、习俗、法律、政策等，呈现在社会主义核心价值观中，深刻地影响着一代又一代中华儿女成为炎黄子孙。一户家庭小水缸里的水，就是家庭文化的个性，它伴随和响应着浩瀚之水，深刻而直接地影响家庭教育，使得这个家庭里的孩子成为已然如此或未来可能的生命个体。家庭教育指导分为科学宣教和个案咨询（辅导）两部分，如何做好这项工作，我们在这一分册中用一个章节作了比较详细的介绍，提供了具有代表性的实际操作案例。

《身心发展与家庭教育》从身心发展角度来阐释家庭教育。虽然家长们能比较容易地查询到儿童身心发展规律的相关知识，但是，现实生活中，因为认知的偏差，很多养育者在养育孩子的行为上存在失误甚至比较严重的错误。家庭教育要符合儿童身心发展的规律，有一些基本的原则是不能违反的。这一分册第一章首先以通俗化的语言来介绍有关身心发展的基本知识；第二章介绍符合身心发展规律的各阶段家庭养育和教育行为，以实际案例来帮助读者理解知识，重在提供实践意见；第三章针对当前在校生中普遍存在的情况，帮助读者理解孩子的自我伤害和自我妨碍行为，并且提供预防和帮助的实践意见。鼓励家长不仅要看见孩子、看明白孩子，还要学会看大和看远。

几乎所有家长都知道好习惯对孩子的成长有多重要，但自身具备好习惯的家长比想象的要少，能够真正理解好习惯是怎么通过行为内化为态度并且施加正确引导的，又更少。我们在《学习管理与家庭教育》中提出了学习管理的理念。从普遍存在的家长对习惯的曲解开始，介绍以学习者为中心的学习管理。孩子们的学习首先是个人的、家庭内部的，然后是学校的、社会的。作为成年人，家长有义务、有必要帮助孩子实施学习管理。学习管理不仅是向内的对自我的管理，还包括对外部的社会资源的运用与整合。所以,它是一个家庭成员共同参与的家庭管理。

树立以学习者本人为中心的学习管理理念,学校学习机会和社会学习机会都是需要去管理的学习资源,家庭学习已然成为家庭生活中重要的部分。不论有意无意,从心智发展和个人认知角度来理解,学习时刻在发生。同时,我们必须高度重视今天每一个人都不能脱离互联网的现实,互联网场景下的学习管理,变成一件很重要又很棘手的事情。这一分册的第三章专门介绍这一方面的趋势、现状和管理探索。

《家庭关系与家庭教育》着重介绍隐含在家庭人际关系中的结构性应力关系(系统动力)是怎样影响了孩子的成长,家庭教育需要如何应对和驾驭这种无形而强大的力量。

今天多元化的家庭和家庭中丰富的迭代关系,为家庭教育带来了更多不确定性。父母离异到底会对家庭教育产生什么样的影响?为什么同样是父母离异,有的孩子发展得很好,有的孩子发展得很糟糕?我们在这一分册中用一个独立的小节,对父母离异的孩子进行比较充分的解读并给出家庭教育建议。诸如服刑人员和吸毒者的家庭、留守儿童家庭等面临一些特殊家庭关系的情况,孩子们及其家庭可能更需要家庭教育指导者的帮助,我们用了一个小节进行专门的讨论。

城市化发展,已经使得以往的家族支持系统发生重大变化,尤其在家庭教养方面变得更加小家庭化,更加需要寻求社会支持。社会公共服务是否做好了这方面的教育支持,目前做得怎么样,公众需求在哪里,未来会怎么样? 这些问题,我们放在本丛书的《社会发展与家庭教育》中进行探究。

由于千百年的中国文化根基,家庭需要并且已经习惯于族群社会支持体系。中国社会已经发展到知识经济时代,这种传统模式依然存在;但是也必须看到随着城市化发展,家庭小型化促使家庭开始寻求基于公共服务的社会支持,或者社交型社会支持。家庭的这种社群关系影响着家庭本身的成长,同时也影响着家庭成员的成长。今天,全社会都在提倡社会工作,社会工作体系中有家庭社会工作,也有学校社会工作,还有青少年社会工作和儿童社会工作的划分。这些社会公共服务目前处于什么样的发展水平,与学校教育、家庭教育具有怎样的关联,如何运用和促进社会工作进而促进家庭教育的指导? 这些都是我们要深入探讨的领域。

绝大部分家长和专业工作者,都会把家庭教育指导与心理学联系起来。心理学方面的服务体系目前建设得怎么样,家庭教育如何寻求心理学的支持,心理学如何为家庭教育保驾护航甚至提供更贴切的主动服务？这也是需要我们积极探索和回应的问题。

习近平总书记在 2021 年全国两会上强调："无论学校教育还是家庭教育，都不能过于注重分数；分数是一时之得，要从一生的成长目标来看。如果最后没有形成健康成熟的人格，那是不合格的。"让每一个孩子形成健康成熟的人格，是家庭教育的首要目标。它是一个过程性目标。如何让这个过程性目标与社会合拍，如何管理这个目标，是家庭成长中的重要命题。本丛书编写方案，尤其是内容体系的安排，我们两易其稿。其中关键的地方在于，实践中有效的方式方法，有些在传统理论中可能没有充分讨论，怎么办？

我们本着实事求是的基本态度，从实践出发，围绕服务好家庭教育，抓住事物主要矛盾，分析矛盾的主要方面，在矛盾的对立统一中发现解决问题的杠杆和路径，最终形成今天呈现在读者面前的家庭教育及其指导服务的五个维度、五种图书。我们相信这五个维度的内容，依然是实践经验和理论指导相结合的初步成果，它还有很多需要进一步探索和完善的地方。

本套丛书能够在这个令人兴奋的时代大趋势中，勇敢地先行一步，抛砖引玉，为家庭教育及其指导工作尽绵薄之力,对此我深感荣幸。我代表全体编写人员,真诚希望各界人士提出宝贵的意见。

相旭东

2021 年 5 月 15 日于茸城半日轩

序言

教育是每个人的生活准备,是走向未来的基础,也是获得独立生活的前提。教育决定着国家和民族的未来,是一个国家和民族最为重要的事业。蔡元培先生说过,"家庭是人生的第一所学校",家庭教育的地位与作用是学校教育和社会教育所无法替代的。父母是孩子的第一任"老师",父母对孩子的言传身教,将会直接影响到孩子的价值观、人生观和世界观。

随着社会发展和城市化进程的加快,家庭教育的模式和功能都发生了巨大变化。比起以往任何时候,家庭教育都更需要社会的支持。而家庭教育可以从哪些方面获得社会支持,也是本书《社会发展与家庭教育》重点讨论的内容。

本书分为三章。

第一章重点讲述了家庭社群关系对家庭教育的促进作用。随着教育理念的发展,家庭教育已经成为影响子女社会化发展的最重要因素之一。社会系统中的家庭成长项目、"家校连通"等多方合作,为父母教养方式优化和家庭转型提供了巨大的支持。

第二章主要讲述了家、校、社区的合作以及将社会工作方法运用到家庭教育中的重要性。解决家庭教育中出现的问题,需要通过社区、小组、个案三个维度,增强家庭对社会事务的认识,促使家庭成员进一步参与其中,更好地利用和整合社会资源。

第三章讲述了心理服务对家庭教育的保驾护航作用。孩子在成长过程中遇到困难或者家庭教养中出现困境均可以寻求心理服务的支持。学校心理咨询中心、未成年人心理健康辅导中心、非治疗性心理疏导等为一般性心理困扰提供了解决方案。专科医院和社会心理服务机构也为进一步治疗和干预提供了坚强后盾。除此之外,家长能够掌握一定的心理学沟通技巧,也有利于家庭问题的澄清和解决。

家庭教育工作开展得如何,关系到孩子的终身发展,关系到千家万户的切身利益,关系到国家和民族的未来。近年来,各地不断努力探索,家庭教育工作取得了令人鼓舞的积极进展。但是,"不积跬步,无以至千里;不积小流,无以成江海",良好的家庭教育和家庭观念的改变不可能一蹴而就。近年来,社会各界对心理健康的关注程度越来越高,把心理服务和社会工作的方法引入家庭教育的呼声也越来越高。家庭环境对子女心理健康水平、人格发展有着极其重要的影响和作用，这已成为心理健康教育领域的共识。如果家长能够在孩子的成长过程中，以更加科学恰当的方式进行教育和引导，将会更有利于孩子人格的完善和对社会的适应。

总体而言，本书尝试用通俗易懂的语言，结合代表性案例，从社群关系、社会工作和心理服务三个角度，为进一步完善家庭教育的社会支持提供新视角，也希望本书能够抛砖引玉，吸引社会各界人士为新时代家庭教育的科学化提出新见解。

丁敬耘

2021 年 5 月 25 日

序言

目录

总序　　　　　　　　　　　　　　　　　　　001

序言　　　　　　　　　　　　　　　　　　　001

第一章　家庭社群关系与家庭教育　　　　　　001

　第一节　社会系统中的家庭成长　　　　　　003

　　一、子女成长——知识能力与社会适应素养
　　　　的综合发展　　　　　　　　　　　　003

　　二、智慧父母——教育技能与个人成就的双
　　　　提升　　　　　　　　　　　　　　　012

　　三、家庭发展——亲子协同与相处模式的
　　　　进步　　　　　　　　　　　　　　　015

　　四、社会系统中的家庭成长教育项目　　　016

　第二节　家庭的社会支持系统与青少年成长　023

　　一、社会支持系统及其意义　　　　　　　026

二、家庭的社会支持系统的组成 029

三、完善家庭的社会支持系统 039

第三节 家庭中新成年人的诞生与家庭转型 042

一、家庭转型的宏观背景 043

二、家庭结构变迁对家庭关系和家庭功能
的影响 046

三、以系统式家庭治疗的角度来看家庭中
新成年人的诞生与应对 051

第二章 社会工作助力家庭教育 061

第一节 社会工作领域与家庭教育指导的交集 063

一、社会工作的概述 065

二、儿童、青少年、家庭和学校社会工作 072

三、儿童、青少年、家庭和学校社会工作与
家庭教育 081

第二节 社会工作方法运用于家庭教育指导 083

一、社区工作法适用于开展家庭教育指导 084

二、小组和个案工作法沿用到家庭教育指导 089

第三节 儿童友好社区建设与家庭教育 105

一、儿童友好社区的内容 105

二、儿童友好社区内涵建设与家庭教育指导 116

第三章 心理服务护航家庭教育 123

第一节 当前未成年人心理服务的体系建设 125

一、上海市区县中小学心理健康教育中心 128

二、未成年人心理健康辅导中心建设与
家校合作 134

第二节 非治疗性心理疏导的家庭教育指导实践 143

一、心理疏导概述 147

二、心理疏导五步手法 153

三、心理疏导技术的七个要领 174

第三节 心理咨询的家庭教育指导服务路径和
方法 188

一、咨询关系视角下的和谐亲子关系构建 191

二、心理咨询技术有助于识别孩子的问题 196

三、基于心理咨询过程的亲子指导 203

参考文献 223

后记 226

第一章

家庭社群关系与家庭教育

第一节 社会系统中的家庭成长

家庭成长（Family Growth）是指在家庭中，父母主导之下对子女社会化素质品质的培养、父母自身综合能力提升以及家庭和谐发展，成长的主题涉及孩子、父母与家庭本身，包含子女成长、智慧父母和家庭发展三个要素。其中，"子女成长"是指子女基本素质和知识能力的发展；"智慧父母"是指家庭教育知识技能、个人提升与成就发展；"家庭发展"是指子女和父母的共同进步以及家庭模式的优化升级，三者相互独立又相辅相成。

一、子女成长——知识能力与社会适应素养的综合发展

（一）知识能力

家长对孩子的学习关注度非常高，甚至常伴有焦虑情绪，导致家长在对孩子进行与学习相关的教育行为时有些急躁，这在某种程度上无益于孩子的成长。家长在孩子的学习教育中的超前行为，如过早、过多地让孩子参加奥数、

外语、少儿编程等所谓有益于孩子"智力开发"的课程，忽视孩子身心年龄阶段的发展特点与接受能力，只强调知识的传授与灌输而不注重基本能力的培养，很容易导致孩子学习兴趣下降、情绪消沉、有较强的逆反心理，甚至对学习产生恐惧心理，造成许多不良后果。家长应充分了解孩子在每个年龄阶段的认知发展特点与水平，选择符合其发展阶段水平的学习任务。比如，幼儿阶段的孩子刚学会在头脑中形成表象，但还不能进行抽象的逻辑运算，也就是说，孩子能理解一朵小红花加一朵小红花是两朵小红花，但不能理解 1 加 1 等于 2，因为数字是抽象的替代符号。这个阶段的孩子能通过机械记忆知道"1 + 1 = 2"甚至整个乘法口诀表，但仅仅是通过机械记忆"学会"的，而不是真正的理解。在这个过程中如果家长应对方式不当，比如逼迫孩子学习，可能造成孩子对数学的恐惧并丧失兴趣，给孩子带来负面的情绪影响，制造心理挫折。孩子神经系统中的皮质抑制机能还没有发展完善，无法像成人一样长时间保持专注，即所谓的孩子的好动天性。强迫孩子长时间专注学习不仅难以做到，到一定程度还可能造成孩子神经系统的紊乱。所以，不科学、不恰当的教育行为不仅难以达到期望的效果，还可能对孩子的身心带来不良影响。

有条件的家庭，给孩子报一个甚至多个兴趣班是标配。

德智体美劳全面发展的确是有必要的，但同时也要注意兴趣班的选择应符合孩子自身的特质与意愿。每个儿童的聪明才智和天赋不尽相同，个人的思维、智力、才能的发展各有其独特的道路，个人的身体和精神力量的发展也各具特色，以至于几乎在完全相同的条件下，有的人在这方面有突出的天赋，有的人在那方面有惊人的成就。每个人都有一定的获得发展的才能和天赋，但不能否认的是，个人的才能和天赋又有相当大的差异。因而家长要尊重孩子的个性差异与自身禀赋，对他们的要求不能整齐划一。不要看着人家的孩子学钢琴，就叫自己的孩子也去学；看见别人画画得了奖，就逼着孩子参加美术学习班……我们要在尊重孩子个性差异的基础上给予正确的引导，使孩子多种多样的才能、意向、兴趣等个性特点尽可能得到充分的发展。只有这样，孩子才可能人尽其才，成为对社会更有用的人。

（二）社会化与社会适应的基本素质

某种程度上说，教育的实质是个体社会化的过程，即促进儿童社会性发展的过程。什么是社会性发展？社会化是儿童学习他所属的社会中人们所必须掌握的文化知识、行为习惯和价值观念的过程。即每个孩子成为负责任的、有独立行为能力的社会成员的必经途径。儿童正是在这个过程中丰富自己的社会经验，形成个性，不但成为社会作用的客体,而且成为具有社会作用的主体。儿童所需掌握的社会经验和社会关系系统包括多方面内容,如社会生活所必须具备的道德品质、价值观念、行为规范,以及积极的生活态度、自我调节、交往技能等。

著名儿童心理学家皮亚杰指出:"教育构成关系中的两个因素,一方面是社会的理智与道德的价值,一方面是成长中的个人。这两方面的相互作用构成一个通过心理活动这一中介而发生的动态过程。"就这个意义而言,儿童的发展过程是一个以心理活动为中介的生命活动和社会实践活动交互作用的社会性发展的过程(即社会化),主要表现为社会能力的发展。而适应能力是社会能力的一个重要表现方面,因此将社会适应素质的培养视为儿童素质教育的一个新的基点,是教育思维方式的重大变革,也是促进儿童素质全面发展的重要途径。

如果对儿童社会化的培养没有给予应有的重视,致使其虽然学习成绩非常优异,但缺乏必要的合作精神,不会关心他人,社会生活能力与其年龄不相适应。社会适应性差,这样的孩子就会出现各种人际关系困难,如与家长不和睦,与同学、老师关系紧张。如果不积极地培养教育,这些人在未来的社会生活中将遇到更多的困难。同时,社会适应也与健康水平密切相关。从世界卫生组织(WHO)对健康下的定义中,我们也可以看到社会适应能力对儿童健康的重要影响——"健康不仅是没有疾病或虚弱,而且应包括体格、心理和社会适应能力的完美状态"。随着医学模式从传统的生物医学模式向现代的生物-心理-社会医学模式的转变和大健康观的确立,社会适应素质差会对儿童生理与心理健康均造成不利影响,儿童社会适应素质的培养也日益受到教育界及家长等众多人士的关注。

影响儿童社会化的主要因素有四个方面,即家庭、学校、同伴和大众传播媒介。家庭是儿童最早和最直接的社会化场所,家庭因素也成为对儿童社会化发展最重要和最具影响力的因素。通过父母的言传身教与指导,儿童获得了最初的生活经验、态度体系、行为方式、价值观念及社会道德规范。民主平等的家庭教养方式与家庭环境最有利于儿童的社会化。学校方面是通过教师这一榜样示范来影响儿童,教师的言行态度对儿童社会化起着至关重要的作用。良好的同伴交往能促使儿童更好地认识自己并学习与他人相处,从而能更好地适应社会。大众传播媒介主要是通过互联网、电视和儿童读物来影响儿童的社会化。社会化是一个极为复杂的过程,是经过个体与社会环境的相互作用来实现的:既离不开与社会群体、集体、个人的相互作用、相互影响,也离不开个体积极主动地掌握社会经验和社会关系系统。社会知识和价值规范在社会化过程中决非从社会向儿童原封不动地转移，儿童也并非机械、被动地接受它们，而是要经由儿童的主动思考、理解来接受它们、掌握它们。因而家长在教育儿童时不能采取强迫威逼的方式来让儿童习得某种价值观念或认识，要耐心地讲通道理，引导孩子说出内心的想法并深入沟通，才能让孩子自愿地接受与内化具有适应价值的社会性观点、态度与行为。

道德作为一种社会现象，是儿童社会化发展的重要内容。对于个体来说，道德又是一种稳固的心理特征。儿童将一定的社会和阶级的道德准则，转化为个人的道德信念和道德意向，并在言行中表现出来。这就是社会道德现象在个人身上的反映，它表现为个人的道德品质，简称品德。把握做人的方向，奠定良好的思想道德品质基础是社会化的重要方面。儿童的意识单纯，行为习惯也尚不固定，加上他们在生活中，特别是心理上对父母的依赖，使得成年人的行为举止、思想品质容易在他们的心灵留下深刻的烙印。他们从家庭成员间、邻里间及教师之间的道德精神和心理等方面接受熏陶，逐步形成善与恶、真与假、好与坏、是与非的最初概念，学会如何对待周围的人和事，知道应当做什么，不应当做什么。

从小培养儿童的自信心、责任感和荣誉感也是儿童社会化的重要方面。儿童在与成人和同伴的交往中,自我意识有所发展,已对自己形成某种看法。如果一直受到周围人肯定、积极的评价,往往会对自己产生满意感、自信感,而经常受到周围人否定、消极的评价,就容易产生自卑感、孤独感。发展心理学家艾里克森认为,个人未来在社会中所能取得工作上、经济上的成就,都与自信感发展程度有关,尤其学前时期是自尊发展的关键期,对幼儿时期的孩子,家长应该多一些表扬与赞许,并鼓励他们去做想做的事(一般是游戏),这也奠定了"主动性"品质的发展基调。入学以后,儿童对家庭生活的兴趣逐渐转移到学校生活中,个体游戏也逐渐让位于群体活动,如班集体、小组和少先队组织的活动等,儿童的群体意识迅速发展,作为群体中的一员,逐渐发展出班集体荣誉感等。要鼓励孩子参加各项集体活动,关心集体、关心同学,与品性良好的伙伴相处,共同成长,进一步促进儿童的社会化。

在诸多的家庭因素中,父母的教养方式是影响儿童社会化发展的最重要因素,父母无效的教育方式容易引起儿童的社会适应不良。家庭教养方式的分类方式较多,这里采用我国常见的家庭教养方式分类,即溺爱型、专制型、民主型和放任型。父母之爱对孩子身心的健康发展具有重要影响,能极大地推动孩子社会化的进程。但是如果这种爱和保护毫无节制地泛滥，整天围着孩子转，事事依着孩子，就变成了溺爱。如果错误地疼爱孩子，有求必应，时时过度保护，事事包办代替，孩子原本与生俱来的好奇心与主动性会逐渐被磨灭，他们的依赖思想就会越严重，动手能力越差，自信心越差，独立意识越弱，社会适应能力也越差。同时孩子长年累月处于这样一种说一不二的核心位置，有错误也不能纠正，不合理的欲望却常常在无原则的纵容下得到满足，很容易养成孩子蛮横跋扈、不讲道理的个性。而且孩子的自我中心意识也得到了强化，事事以自我为中心，缺乏合作精神和意识。这样的孩子在社会生活中，往往不是骄横无理、称王称霸，就是束手无策、离群索居，对孩子以后的生活和工作都极为不利。专制型的教养方式是把孩子作为家长的附属物，对孩子的行为过多地干预，经常采取强制手段让孩子听命于父母，漠视孩子的兴趣和意见，压制其独立性、创造性，不允许孩子对自己的事情有发言权，要求子女随时都要遵守父母的规定，稍有违背就会遭到训斥或惩罚，有时甚至是过于粗暴的惩罚。父母与子女的关系是一种"管"与"被管"的不平等关系，亲子之间的沟通十分有限。父母采用专制型的教养方式，往往是出于"为孩子好"的目的，对孩子过多干预，过分保护，从而在一定程度上限制了孩子自我意识和自我教育能力的发展。专制型家庭中的孩子往往情绪不稳定,缺乏同情心,社会责任感不强。研究发现,生活在经常采用惩罚和责骂等教养方式家庭的孩子表现出更多的身体、言语攻击性。民主的教养方式是建立在亲子关系平等基础上的。主要表现是父母把孩子视作独立的个体,注意培养孩子的主动精神,培养他们的自理、自制能力,对孩子的期望、要求及奖励、惩罚等比较恰当,经常与孩子进行思想和价值观的交流与沟通,尊重、听取孩子的意见,及时纠正自己在教育孩子中的失误。民主型的父母坚定、自信、轻松并具有判断力,父母既爱护孩子,又不放松对孩子的教育。他们常和孩子沟通,充分理解孩子的兴趣和要求。在这种环境中成长起来的孩子能体贴关心别人,自理能力强,有较强的分辨是非能力。最重要的是,在这样的家庭里,父母让孩子感到爱和关怀,并在此基础上培养出情绪稳定而乐观的孩子。民主型家庭中的儿童人格完善,情绪稳定,具有强烈的同情心、事业心、责任感和成就感。放任型的父母对孩子的行为与学习不感兴趣,也不关心,很少去管孩子,"小时候交给保姆或祖父母,上学了交给老师,长大了交给社会"。这类父母存在典型的角色问题。这种家庭环境下成长起来的儿童往往对事情没有责任心,行为放纵,一些不良的个性与态度会影响学业。有研究表明,行为越轨的儿童大多数与这类父母有关。家庭的抚养方式对儿童个性品质的形成具有重要作用。心理学家认为,父母如果对儿童采取保护、非干涉性、合理、民主及宽容的态度,儿童就显示出具有领导能力、积极的情绪、态度友好等个性品质。

二、智慧父母——教育技能与个人成就的双提升

(一)家庭教育知识技能

许多家长花费了大量的时间和金钱投入孩子的教育中,但由于缺乏科学的教育理念和教育方法,不少家长并没有对孩子实施正确的教养方式,甚至出现了许多错误的做法:部分家长过分依赖市面上一些补课和训练机构的作用,忽视家长在家庭教育中的重要性;也有些家长忽视孩子的年龄特点,对孩子实施沉重的学业负担;有的家长过分看重学习成绩,忽视了对孩子综合素质的培养。家庭教育在孩子形成良好品质、健康成长上扮演着极为重要的角色,家长的教育理念、教育行为、教育方法对孩子的早期教育尤为重要。这就要求家长要学习掌握科学的教育理念和方法,并将科学育儿的理论知识付诸实际行动中,激发孩子的活力,挖掘孩子的潜能,发展孩子的潜力和后劲,促使孩子全面、快乐、阳光地健康成长。

从科学的理论研究以及各国教育的发展动向中,可以看到教育呈现以下方面的一般趋势与基本理念。

第一，儿童是发展的主体。要把孩子当作一个有想法、有诉求的独立的个体，尊重他，平等地对待他，做他的伙伴与朋友，鼓励他做自己成长的主人，积极、主动地参与，自由地发展。

第二，整体的系统发展观。一个人的发展主要包括生理的生长成熟，认知（感知觉、记忆、语言、思维）与能力的发展，社会性方面的发展（情感、人格等）。这些都是生而为人的基本要素，它们有着明显的领域区别，同时有着千丝万缕的联系——它们构成了一个有组织的发展系统，而这些系统中的要素是相互联系的，即某方面发展异常会给其他方面的发展带来阻碍。良好的发展绝不是一腿跛行的单方面发展，这种发展也无法深刻而长久，唯有重视孩子各方面的发展进步，才能实现全面而深远的个人成长。

第三，顺其自然与为所当为。天性与教养的较量在发展心理学领域历来就是容易引发论战的议题，即人的发展到底是先天遗传的还是后天教养的结果。目前科学的解释是，人类复杂的特质如能力、人格（包括气质、性格等）等都是二者以及发展主体自身努力三方面共同作用的结果，但在不同的领域力量贡献的构成有所不同。比如智力已被证实超过 50% 是出于先天的贡献，但后天尤其生命早期的科学培养也十分重要，如在婴幼儿时期给予充分的刺激环境

（多与其对话、花样的玩具等）能促进孩子智力的发展；而性格则更多带有后天的社会性色彩，充足的关爱、正确的引导、有益经历的创造等能养成孩子社会适应良好的性格并受益一生。所以听天由命的放养教育与过度插手的干涉教育都不是科学的育儿方式，家长应该充分尊重孩子自身的特点，顺其自然，但同时又给予正确的引导，即为所当为。比如有的孩子外向活泼，有的孩子内向安静，这是先天而来的气质，难以改变，没有好坏之分。每种类型都有其优势和劣势，家长应该遵循其本身的特质，引导发扬其中优势，避免可能带来的不良影响。忽略孩子天性而按照自己的意愿来改造孩子，会对孩子各方面的发展造成阻碍。

（二）个人提升与成就发展

父母是家庭的支柱，家庭是每个个体最初也是最重要的成长场所。父母积极向上的态度与奋斗拼搏的行为为孩子带来绝佳的学习榜样。孩子可塑性大，是非辨别力较差。随着与周围人的交往增多，会受到来自方方面面的影响与冲击。父母榜样在儿童成长中起着非常重要的作用，而作为孩子最亲近、最信赖的人，教师和父母接触孩子的时间最多，对孩子的影响最直接，所以他们的言行举止，甚至走路的姿势、说话的情态，孩子都会模仿。父母要注意重视提高个人的综合素养与知识水平，发展有益的兴趣爱好，养成风趣幽默的个性，丰富心理知识，用和蔼可亲的态度对待孩子，允许孩子参与父母和其他家庭成员的活动，与成年人公平对话，注重增强自身的教育实力，认识到对孩子"一个好的提问比一个好的回答更有价值"，鼓励孩子多思考多提问，保护孩子的好奇心，启发孩子从不同的角度认识事物，引发孩子的创造动机，培养孩子自立自强的品质。另一方面，贫困对孩子发展的影响渗透到成长的各个方面，父母个人成就的攀升也会给孩子的成长带来更优渥的发展环境与学习条件。

三、家庭发展——亲子协同与相处模式的进步

家庭成长不是孩子一个人的成长，是孩子、父母以及整个家庭相处模式的共同进步。可以采取比如制定家庭成长周计划的方式来进行发展规划与反思复盘，助力家庭成长。

制定成长计划可以考虑以下原则。

第一，共同商讨。如家长把以前做过的、想让孩子做的、孩子自己想做的活动，列成一个清单，然后让孩子来选择，整个家庭达成一致。

第二，有仪式感。内容确定后写成卡片，孩子帮忙粘贴胶带，再贴到房间最显眼的地方。张贴完毕，仪式感也同时建立了，孩子和父母都会觉得这是一件非常重要的事情。

第三,记录成长。当天计划的活动实施之后就在卡片上面打一个勾。定期和孩子一起查看这些记录,就会产生一种成就感,从而推动大家持续做下去。

第四,精简原则。活动不要排得太密太多,否则容易出现疲劳与新鲜度下降,且没有时间好好反思已经完成的活动,一旦有意外情况没有遵照计划执行的话,计划的权威性就会下降,再做起来心理启动压力会非常大。

第五,易趣原则。家庭活动要简单有趣,不要搞得像写作业一样,人人都讨厌。如果难度过大或者很无聊,启动做这件事就会消耗很大的意志力,大脑在潜意识里就会排斥。

第六,参与原则。既然是家庭成长活动,家庭成员都要尽量参与进来,或者至少保证爸爸和妈妈有一人能够参与。在与孩子互动的过程中,亲子双方都在成长,同时沉淀下来浓浓的亲情回忆。

第七,复盘原则。每次活动完成之后父母要引导孩子进行沟通交流,说出自己的感受,并对其他成员提出表扬与意见,共同构建健康畅通的家庭沟通模式与共同进步的家庭相处氛围。

四、社会系统中的家庭成长教育项目

家庭成长教育曾在 20 世纪 70 年代初,在欧美等国家和地区深入社会和家庭，主要实现形式是"父母学习培训与咨询"（品质教育联合会等各类机构承担和建立的咨询网络）、"孩子直接参与的青少年教育"（教育机构）和"纳入学校课程的学校教育"等。今天其理论与实操已被大众广为接受。尤其是其成长教育的理念和素质品质教育的内容，更是得到了政府有关部门、教育行业、社会和家庭的广泛认可，并据此展开了相关的教育实践。

（一）中国妇女发展基金会的"家庭成长计划"

诸多研究已证实，贫困的家庭环境给孩子的认知、能力、情绪人格等众多方面的成长带来了负面影响。尤其当2019年诺贝尔经济学奖获得者的研究发现贫困导致孩子"缺智"与"缺志"并造成贫困陷阱时，世界各国就此开展了对贫困家庭儿童的帮扶计划。

我国目前仍存在部分家庭收入少，生活水平低的情况。例如：一些孩子没有像样的写字台，缺乏基本的学习条件；家长文化水平相对较低，缺乏创造财富的能力，忽视对孩子的培养引导，家庭教育相对缺失、家庭成员与社会的融入度低，生活相对封闭。这样的家庭状态给孩子的健康成长带来严重影响，并容易让家庭重返贫困。为了深入贯彻国家精准扶贫战略，阻断贫困代际传递，重视家庭建设，实现社会主义核心价值观在家庭的落地，中国妇女发展基金会开展了"家庭成长计划"公益项目。该项目以"改善低保及建档立卡等贫困家庭儿童居住环境"为切入点,以"提升儿童及家庭综合发展能力"为目标,通过对环境、健康、教育等方面的综合介入,为儿童及其家庭赋能,减少贫困代际传递,促进儿童健康成长,以及家庭教育水平整体提升。具体内容如下。

1. 改善儿童学习生活环境

针对低保及建档立卡等贫困家庭,为进一步树立性别意识,保护女童隐私,改善儿童独立生活空间,以环境改善带动良好的学习习惯、生活习惯的养成。

2. 编撰实操手册

针对志愿者、家长、不同年龄段儿童,邀请权威家庭教育专家编撰实操性项目手册。

3. 志愿者入户指导

针对建档立卡等贫困家庭,由志愿者入户进行一对一指导,加强与家长及儿童的互动,进行陪伴式教育。

4. 举办儿童集体关爱活动

针对乡村儿童,定期举办集体活动,寓教于乐,对儿童进行关爱与教育。

5. 举办乡村家长课堂

针对家长,定期举办乡村家长课堂,提升他们的家庭教育理念及实操技能。

6. 孵化培育社会组织

与各级妇联及基层社会组织合作,广泛发动志愿者,全面带动社会力量参与,营造人人参与公益的社会氛围。

该项目已试点两年,为全国5 707户家庭实施了项目服务,累计带动志愿者2万余名,志愿服务超过11万人次。项目已覆盖全国20个省(自治区、直辖市),79个设区市,199个县(市、区),带动213家社会组织共同参与。

▶ 案例1-1

家庭成长计划的全方位帮扶

11岁的妞妞有着这个年纪难得的沉稳,因爸爸病重,她只能长期和妈妈住在拥挤的小屋里,马上要升初中的她,连个专门写作业的地方也没有,她在纸上画出梦想的卧室,那里有明亮台灯照耀的整洁书桌。6岁的小瑶和爷爷奶奶生活在一间不足20平方米的房子内,一个人的时候,她喜欢待在狭小的阁楼上默默把玩自己拼装的粉色房屋模型,憧憬着属于自己的小小空间……有一天放学,她们发现自己的梦想变成了现实——收拾整洁的房屋内,放置了崭新的书桌椅,还有配套的粉色床铺与衣柜,为她们打造出了专属的学习生活空间。原来是身穿橙色马甲的叔叔阿姨们为她们改造的学习环境,打扫卫生、刷墙、组装家具……他们是来自各行各业的志愿者,有医生、有企业高管、有家装设计师、有全职妈妈,等等。经过将近10个小时的改造,那间斑驳脱皮的墙壁被粉刷得雪白,昏暗的小屋变得明亮整洁,崭新的、淡蓝色的衣柜、床、书桌等让整个房间变得温馨舒适……"家庭成长计划"公益项目不仅为她们进行生活学习空间改造,接下来还将通过拥有专业知识的志愿者结对帮扶,为她及她的家人提供深度的陪伴服务,从环境到心灵给予这些家庭更长远的关爱。

妞妞妈妈愁苦的脸上多了许多笑容,她说:"感谢妇联、妇基会和政府,感谢大家!我告诉妞妞要好好学习,不辜负大家的关爱和期望。我也要学着怎么和孩子一起成长!"

（二）中国福利会信息与研究中心的"中国家庭互动成长计划"

2020年6月,中国福利会信息与研究中心（宋庆龄儿童发展中心）开展"中国家庭互动成长计划",秉承宋庆龄先生"把最宝贵的东西给予儿童,要为儿童的健康成长创造各种条件"的教育思想,旨在通过挖掘家庭成员之间日常互动的深层价值与做法,力求打造具有积极导向意义与公信力的家庭教育支持与交流平台,帮助家长日复一日地发掘自身的育儿智慧与潜能,激发科学育儿动力,减少育儿压力,提升育儿自我效能感,变"他助"为"自助",让家长深刻感受到"育儿,用心就好"。2020年2月初,宋庆龄儿童发展中心率先在全国范围内面向2至12岁儿童家庭发起"家庭战'疫'·智慧'童'行"公益主题活动,鼓励更多家庭在疫情期间通过家庭亲子互动和游戏,以提升家长与孩子之间的互动质量,改善亲子、祖孙等家庭关系,促进儿童健康发展。该活动系列微信推文不仅先后被诸多公众平台转发,阅读量超16万,还受到哈佛大学儿童发展心理学家的关注和认可。

为了持续推广"家庭互动"的理念,呼吁更多家庭响应该计划关于"育儿,用心就好"的号召,"中国家庭互动成长计划"还推出"智慧养娃云课堂"视频在线课程和"家庭互动,萌唱接力"儿歌传唱活动。"智慧养娃云课堂"是通过"中心"家庭教育领域专家和家长进行访谈与对话的形式,还原父母带娃的困惑与祖辈带娃的不易,同时针对这些家庭合作育儿的难点、痛点问题,传授家长们简单、有效、普适的"家庭互动"策略、方法和技巧,解决日常棘手的育儿问题,帮助大家发掘自身的育儿智慧并了解如何以高质量的互动呵护美好的小"萌"芽,引导孩子正向成长。"家庭互动,萌唱接力"儿歌传唱活动,则是鼓励家庭以亲子、祖孙或者全家福等组合形式,通过家庭互动传唱儿歌的方式,促使家庭尝试、践行、感受和体会"积极互动""科学互动"理念和方式,打开"智慧养娃"的新思路。国内外大量研究与案例证明,家庭互动对孩子的心理健康至关重要。良好的家庭互动,能激活家庭动力,改善家庭执行,激发孩子积极行为,对儿童及其家庭成员身心皆有益。

（三）营利性教育机构

近年来,为满足市场中很大一部分家长对于家庭教育知识技能提升的需求,一批与家庭成长相关的教育机构纷纷涌现,通过开设相关课程、提供优良成长教育环境等服务来全方位助力家庭成长。它们将心理学、教育学融为一体,来有效帮助儿童心理行为认知,成人模式更新与转变,父母与亲人沟通互动与关系演进。许多机构开设父母效能训练、陪孩子度过迷惘的青春期、社会和情感能力养成等课程,在生活各模块中帮助家庭成员提高境界,助力家庭和谐进化。但在市场百花齐放的同时,产品与服务也是良莠不齐,家长要学会理性甄别。

第二节 家庭的社会支持系统与青少年成长

现代家庭的生活压力越来越大，导致越来越忙碌的父母在家庭教育方面有所疏忽。此外，由于许多父母缺乏教育学、心理学等方面的知识，面对孩子的心理问题心有余而力不足。当孩子的学习乃至人际交往等方面出现问题时，许多家长都不知道该怎么做。这时候，父母就需要额外的社会支持了。本节内容围绕家庭的社会支持系统展开，详细介绍社会支持系统的概念、意义和组成，以及当前社会支持系统当中存在的问题及其改善措施。

▶ 案例1-2

1. 基本情况

玲玲是一名即将面临高考的高三学生，在最近两次的模拟考试中，成绩均不太理想，她觉得自己没有发挥出应有的水平，感到很沮丧。玲玲的家庭经济状况较为困难。对于父母一直为改善家庭而不停地付出，玲玲觉得自己不能出力而感到内疚，所以想退学，以减轻家里经济方面的压力。另外,玲玲在这一年里迎来了一个弟弟。本来玲玲对弟弟的出生是保持比较良好的心态的,但是在随后的相处中,她感觉自己在家庭中的地位受到威胁,因而对父母略有埋怨,便产生了休学、外出打工的想法。

2. 背景资料

通过与玲玲沟通及了解玲玲的成长经历,发现父母对玲玲存在情感忽略。由于父母的文化水平都不高,所以他们对家庭教育、亲子沟通方面知之甚少,对玲玲的关怀就停留在最基本的生理照顾层面,平常主要是关注吃好穿好之类的,对于玲玲的学业几乎采取放任的态度,因此造成玲玲与家庭成员相处不和谐、交流日渐减少的状态。

3. 解决方法

根据有关助学资助方面的政府政策规定,玲玲提交申请,获得了1500元生活学习补助,其上学的临时经济问题已基本得到解决。

学校班主任及任课老师在了解了玲玲的情况之后,尽其所能地给予玲玲更多的关注、理解和教育,从而激发了玲玲认真学习的内部动机。另外,鉴于玲玲想要挣钱补贴家用的意愿,学校为其提供了勤工俭学岗位,在学校餐厅做帮厨，为其日常学习生活节省一部分家庭开支。①

社会工作者在介入过程中，首先与玲玲的父母沟通，让他们认识到父母是家庭教育方面重要的影响因素，改变他们的家庭教育方式，促使玲玲能够与父母进行良好的沟通和互动。其次，深入了解家庭更多的现实处境以及对辍学的真实想法，让家长意识到其有责任让玲玲完成高中教育，并为家庭提供多渠道社会支持资源信息，增强玲玲的自助能力，让其在遭遇困境时能独立解决问题。最后，协助玲玲反思她与家人的相处，引导和鼓励她与家人交流想法，改变沟通方式。鼓励她回忆并分享家人带给她的感动，信任并理解家人，从观念和思想上建立正确认知。

从这个案例可以看出，对玲玲及其家庭的帮助有来自政府的、学校的，也有来自社会组织的。各个组织组成了一个社会支持系统，这个系统内的各方协同合作，其目的都是对家庭教育进行指导，从而帮助玲玲更好地学习和成长。社会支持系统对于家庭教育至关重要，在帮助青少年成长方面发挥着重要的作用。

① 尚和社工.心理社会治疗模式在青少年个案中的运用[EB/OL].[2021-06-01]. http://practice. swchina. org/case/2019/0412/33647. shtml.

一、社会支持系统及其意义

（一）社会支持系统的含义

社会支持是指人们从社会中得到的、来自他人的各种帮助。这些助人者和受助者相互作用所组成的关系网络，就是社会支持系统。通过与社会支持系统中人物的互动，个体能从中获取情绪情感和心理的支持，能够缓解心理压力，提高自身对环境的适应能力和对变化的应对能力。[①]

（二）社会支持系统的主体和客体

社会支持系统的主体即助人者，也就是社会支持的提供者。社会支持系统的主体可能是组织，比如政府、学校、社会组织等，也可能是个人，如亲戚、朋友、同事、邻居等。组织提供的社会支持源于组织的职能和理念，而个人提供的社会支持一般源于爱心和亲密关系。

社会支持系统的客体即受助者，也就是社会支持的接受者。关于社会支持系统的客体有两种观点。一种观点认为，社会支持系统的客体是弱势群体，比如流动儿童、留守儿童、贫困家庭等，他们由于经济或其他方面明显处于社会的弱势地位，所以需要来自社会的帮助。另一种观点认为，

[①] 社会支持系统[EB/OL].[2021-06-01].https://www.jianshu.com/p/9cdf90c8a3b1.

社会支持系统的客体可以是所有人,所有在经济、情感等方面需要帮助的个体都可以是社会支持系统的客体。

社会支持系统的内容大概包括三种:物质支持、情感支持、信息支持。物质支持是指给受助者提供金钱和物质方面的帮助;情感支持是指个体被他人尊重和接纳;信息支持是指有利于对问题事件进行说明、理解和应对的支持。[①]

(三)家庭的社会支持系统的重要性

1. 提高家庭教育质量,推动青少年成长

父母是孩子最初的老师,在孩子成家立业、另组家庭之前,原生家庭都是影响他们成长的最重要因素。父母的一言一行都会言传身教给孩子,可以说家庭教育的质量为青少年的健康成长奠定了基础。一般来说,父母都希望给孩子最好的家庭环境,但他们或忙于工作,或缺乏专业知识,导致很多家庭的教育都不尽如人意,青少年在成长过程中容易出现各种各样父母解决不了的问题,这就需要来自外界的帮助。而家庭的社会支持系统具有公益性、权威性和专业性,可以给家长带来先进的家庭教育理念,帮助家庭教育走向正轨,更好地引导青少年健康成长。

2. 推进家校合作,完善学校教育体系

学校教育是除家庭教育外影响青少年成长的重要因

---

① 李松涛.家庭教育的社会支持研究[D].辽宁师范大学,2014.

素。目前我国的学校教育已建立了比较完善的体系,对孩子展开了非常系统、科学的教育,并且学校教育还在实践中不断地创新和改革。相比之下,家庭教育由于大部分处于放任自流的状态,是跟不上学校教育的步伐的,这就容易导致整个教育体制的失衡。如果家庭教育跟不上,那么学校教育效果再好,其效果也会大打折扣。比如说在学校老师教导学生不要乱扔垃圾,如果回到家,家长不强调的话,这个好习惯还是会慢慢消失。因此,构建家庭的社会支持系统能够有效补充学校的教育内容,将学校教育与家庭教育有效连接在一起,这也是将学生的身心发展置于统一的教育目标之中,制定统一的、科学的教育理念。①

3. 推动青少年全面发展,改善成长环境

每个个体都有其独一无二的个性,在学校教育中,由于学生较多,很多时候老师不太可能一一考虑到每个学生的个性特点,这时家庭教育的补充作用就可以发挥出来。家庭教育可以为青少年的个性化成长找到根基,从而促进其全面发展。此外,家庭是社会的最小单位,家庭幸福健康与否,决定了整个社会是否和谐稳定。只有家庭的文明程度提高了,社会的文明水平才能提高。随着我国社会文明建

---

① 王区区,于涛.构建家庭教育社会支持系统的策略探析[J].中国多媒体与网络教学学报(中旬刊),2020(10):214—216.

设的不断发展,社会各界可提供给家庭教育的资源也越来越多,这就为家庭教育的发展提供了一个良好条件。因此,构建家庭的社会支持系统不仅可以提高家庭教育水平,改善青少年的成长环境,反过来也能提高整个社会的文明水平。

二、家庭的社会支持系统的组成

在家庭教育领域,社会支持系统的主体包括组织和个人,组织主要有政府、学校和社会组织。以下对这三种组织为家庭教育提供支持的现状进行详细介绍。

(一)政府支持现状

教育作为世界各国公认的公共事业,关系到国家人口素质的整体提高以及国家发展,应由国家承担教育资源配置的主要责任。而政府以其在权威性、稳定性、覆盖面等方面具有的优势,是公共教育服务的最佳提供者,提供公共教育服务是其基本职能之一。家庭教育指导作为公共教育服务的一部分,也已被纳入我国城乡公共服务体系。[①] 政府不仅通过立法、完善规章制度等为家庭教育提供支持,还通过下属机构开展多种形式的家庭教育指导。

---

① 陈亚囡.家庭教育指导需要政府支持之思考[J].理论界,2014(05):196—198.

1. 政府出台相关法规，推进家庭教育法制化进程

为了完善家庭教育公共服务，政府一直在推进与家庭教育相关的工作规划、指导文件、法律法规的出台，主要包括：第一，持续出台家庭教育工作规划，推进家庭教育工作。2007年、2011年陆续出台《全国家庭教育工作"十一五"规划》《全国家庭教育工作"十二五"规划》，不仅将家庭教育提升到精神文明建设的高度，还提出完善基本的家庭教育公共服务的工作目标；第二，出台全国性的家庭教育指导文件，科学指导家庭教育实践。2010年，《全国家庭教育指导大纲》出台，系统、全面地提出了0—18岁儿童身心发展规律和相应的家庭教育指导内容；第三，推进家庭教育法制化进程。《国家中长期教育改革和发展规划纲要（2010—2020）》《中国儿童发展纲要（2011—2020）》等文件均提出应推进家庭教育立法进程，鼓励有条件的地方可先行先试，出台家庭教育地方性法规①。国家层面的家庭教育法也已提上日程，2021年1月，《家庭教育法（草案）》正式提请十三届全国人大常委会第二十五次会议审议，家庭教育正式纳入国家教育事业发展规划和法制化管理轨道。

---

① 李晓巍，刘倩倩. 学前儿童家庭教育的社会支持：回顾与展望[J]. 河北师范大学学报（教育科学版），2021(01)：126—134.

2. 妇联、关工委推动家庭教育

党群组织是中国特色社会主义政治体系的组成部分，也是建设社会主义精神文明的重要推动力量。妇联和关工委就是党群组织中对家庭教育起推动作用的机构。妇联和学校、社区联合开展活动，并且负责和教育局一起检查家长学校的工作，同时也召开家庭教育工作现场会，主要是交流经验、表彰先进等。关工委的工作主要是针对青少年，经常去学校、街道、社区开展家庭教育的相关讲座，但主要任务还是青少年思想道德教育。

3. 社区是政府支持家庭教育的重要平台

社区支持家庭教育工作受党群组织的指导，这保障了社区开展家庭教育相关活动的科学性与公益性。一些社区成立了社区家长学校或家庭教育辅导站，开展家庭教育集中指导活动，具体来说就是给家长讲解和普及家庭教育相关知识，其中有家长问答环节。一些条件较好的社区还会对有特殊需要的家庭进行入户指导，给予相应的指导和建议。这种形式的家庭教育指导一般是以知识讲解、技能帮助为主。

社区支持家庭教育的另一大形式是开展专题讲座。讲座有宣传面广、费用低廉、操作简单等优点。社区可尽量邀请有名望的教育专家来当主讲人，一次就一个主题讲解家庭教育的相关知识,给有教子困惑的家长给予指导。讲座的成功与否很大程度上取决于主讲人自身的水平,优秀的主讲人总是能吸引许多家长慕名而来。因此虽然一次讲座的时长稍短,但也有可能起到很好的家庭教育指导作用。

亲子活动也是社区支持家庭教育的一种形式。有效的亲子互动是提高家庭教育质量的基础,关于亲子互动的指导与训练则是家庭教育社会支持的重要主题。社区可开展小规模的亲子活动,活动内容包括画画、做手工等,家长可以从这类亲子活动中提高教育沟通能力,增加对孩子的了解,拉近与孩子之间的心理距离。

4. 公共文化机构是政府支持家庭教育的辅助平台

公共文化活动机构包括青少年宫、群众艺术馆、工人文化宫、图书馆、博物馆、科技馆等,这些机构是青少年课外活动的重要场所。而这些机构,特别是图书馆、博物馆、科技馆,在经费方面能够得到政府的大力支持,所以它们成为家庭教育社会支持的重要阵地,受到家长的欢迎和认可。除了讲座和亲子活动,这些机构还可以开展大型的公益讲堂活动,为家庭教育提供支持。与讲座类似,机构邀请在某个领域著名的专家来主讲,为家庭教育提供一些指导。而与讲座不同的是,这类公益讲堂的主题和内容没有太多局限,能够比较客观和独立地看待家庭教育,拓宽了家长学校的内容框架，为家长看待家庭教育提供了多元的视角和主题。[①]

（二）学校支持现状

学校是青少年除了家庭外所待时间最长的场所，因此学校教育也是影响青少年成长的最重要因素之一。学校教育具有系统性、专业性、完整性的特点，在有关孩子的教育问题上，大部分家长会听取学校和老师的意见与建议，因此学校教育能够有效弥补家庭教育的不足，是家庭教育社会支持系统中最重要的一部分。学校通过家长学校、家长会、信息平台、家委会、家访等形式为家庭教育提供支持。

1. 家长学校

根据《关于全国家长学校工作的指导意见》，妇联和教育部门是家长学校的指导者和管理者，家长学校的实际操作者则是中小学、幼儿园和社区等单位。有条件的中小学和幼儿园成立家长学校，妇联和教育部门则定期对家长学校的实施情况进行检查，并进行评比和表彰。在家长学校里，学校举办家长会和有关家教知识的讲座，并邀请部分家长介绍家庭教育经验。有些学校还会开展家校共建活动，鼓励家长参与学校建设与管理。这种家长学校使得家长和

① 李松涛. 家庭教育的社会支持研究[D]. 辽宁师范大学，2014.

学校的联系更为紧密,不仅有利于家长了解孩子在学校里的表现,也有利于家长素质的提升,进而提升家庭教育的水平。

2. 家长会

家长会是家长了解学生在校情况和学校办学情况的主要渠道,一般每个学期开展一到两次。家长会一般有三个部分:校领导讲话、班主任以及任科老师讲话、学生家长代表讲话,散会之后有需要的家长还可以找老师单独沟通。通过参加家长会,家长可以直接了解到学校和老师的教育理念,这对家庭教育具有启示作用。同时,家长会上一般会发布孩子的成绩单,并对表现优秀的孩子进行表彰,这有利于家长了解孩子的在校情况。另外,家长代表的发言也能给其他家长带来一些家庭教育的好的经验,对家庭教育有很重要的借鉴意义。

3. 信息平台

现在很多学校都建立了信息交流平台,老师可以在信息平台上发布通知,家长也可以通过信息平台反馈问题,同时,家长之间也可以通过这种信息平台进行交流,传递经验。此外,学校还可以通过信息平台发布家庭教育的相关文章,家长有空时即可查看,提高了学校支持家庭教育的效率。信息平台这种方法减少了信息传递的时空成本,提高了家长和老师之间的沟通效率,是支持家庭教育的又一种有效方法。

4. 家委会

家委会是由班级里的家长代表组成的一个小组,是家长们投票选出来的,一般一年竞选一次。设立家委会的目的是加强家长与学校之间的联系,推动学校和家庭教育,因此,家委会相当于学校和家长之间的桥梁。家委会需要和学校紧密协作,家长代表们会发动家长做好学生各项教育工作,形成维护班集体的向上氛围,提高班级凝聚力,从而提高学校教育的效果。家委会的家长代表们也负责向学校反映家长在育儿过程中遇到的困难,学校就能更好地发挥家庭教育的支持作用。

5. 家访

家访是指老师到学生家里去,了解学生的家庭情况,并就学生的在校表现与家长进行沟通。由于家访是一对一,而不像家长会那样是一对多的形式,其更能关注到每个学生的个人情况,从而为学生和家长提供个性化的指导。此外,在学生家里,老师更能真实地感受到学生的家庭教育氛围,所提出的建议也就更加贴切。

(三)社会组织支持现状

社会组织是以公益为目的的非营利性组织,有的属于民间自发兴起,有的与政府存在着较为密切的联系。社会组织存在其特有的优势。一方面,社会组织中的成员大多是志愿服务,他们能够主动、自愿地参加到自己热爱的工作中去,从而提高工作效率、增强组织中成员的凝聚力,与被服务对象形成更加良性的关系;另一方面,社会组织中的成员多是普通民众,对于许多生活中的问题更能感同身受,因此能给被服务对象提出更有针对性、更实用的解决方案。[①] 社会组织会通过经济援助、公益讲座、心理咨询、社会工作等形式来支持家庭教育。

1. 经济援助

有很多家庭因为经济负担大,没有办法为子女提供更周全的教育环境。有些社会组织,可通过基金会、向社会募捐等形式成立专项资金,为经济困难的家庭提供经济援助。比如中国青少年发展基金会的"希望工程"就是针对农村经济困难的学生的资金捐助活动;中国教育发展基金会的"建设未来成长计划"、中粮"福临门教育计划"是针对贫困高中生、大学生开展的资金捐助活动,中国慈善总会的"春雨爱心基金"是针对贫困母亲的资金救助活动,中国儿童少年基

---

① 张单亚,马悦.论社会组织对农民工随迁子女教育的支持作用[J].河北农机,2020(10):89—90.

金会的"春蕾计划"是救助贫困失学女童的资金救助活动。[①] 这类经济援助能够缓解贫困家庭在子女教育上的资金困难问题，解决青少年入学与在学方面的困难。

2. 公益讲座

社会组织有时会和社区合作，以长期入驻社区的形式，为家庭教育提供支持。利用社区提供的场地、人力等资源，这些社会组织在社区举办亲子活动、公益讲座等，家长们可以借助社区参与到这些活动中，彼此沟通教育经验，分享教育成果，互相鼓励互相支持。此外，一些社会组织也会和教育培训机构合作，一起开展公益讲座。比如中国家庭教育学会、中国教育学会家庭教育专业委员会和某知名教育集团多次合作开展了家庭教育高峰论坛活动。在论坛中，会邀请到许多知名教育专家，将他们的教育理念和家庭教育相关的研究成果与大众分享。这种形式的讲座不仅能够促进家庭教育发展，同时也能宣传企业的教育理念，实现了双赢。

3. 心理咨询

近年来，由于社会的转型以及普遍存在的生活和工作压力，很多人都出现了心理适应问题。我国心理咨询机构不断增多，从事心理咨询的专业人员也越来越多。很多专

---

① 李松涛. 家庭教育的社会支持研究[D]. 辽宁师范大学，2014.

业人员还会参加公益性的与心理咨询相关的社会组织,为家庭和青少年提供心理咨询服务。这些专业人员通过社会组织开展一系列热线咨询、心理辅导、心理科普等活动,为家庭教育提供指导。这种一对一的精神层面的帮助对家庭教育的支持更有针对性,能让家长重视青少年的心理问题,帮助青少年健康成长。

4. 社会工作

社会工作是近年来在我国以专业方法技术有效助人的新兴职业和服务形式,通过个案、小组、社区工作等方法,可为从业人员提供有效的专业方法和技术支持。一些社会组织吸纳了专业社工人才,把社会工作合理运用在对家庭教育的支持上。社会组织可以通过个案辅导服务,评估青少年个体及家庭教育的服务需求,预防和化解青少年个体及家庭的问题,优化青少年个体及家庭成长和教育环境,促进青少年及家庭教育的发展。此外,社会组织也可以小组工作的形式开展家庭教育学习小组、青少年德育成长小组等服务,传授先进的家庭教育理念。还可以社会工作的形式开展社区亲子教育项目、家庭教育宣传讲座、家长互助组织等,为家庭教育提供支持。①

---

① 王静,匡梦叶,李春丽.社会生态系统论下社会组织介入家风与青少年教育的功能与路径[J].延边教育学院学报,2020(03):68—70.

三、完善家庭的社会支持系统

（一）完善家庭的社会支持系统的障碍

1. 家庭的社会支持系统主体专业化程度低

在政府方面，首先，虽然有家庭教育相关的规划纲要，但国家层面的家庭教育法还未正式出台，我国仍缺乏法律层面的家庭教育政策。其次，政府所属的支持机构缺乏内部的资源和信息整合。代表政府为家庭教育提供支持的部门有很多，比如教育行政部门、妇联组织、关心下一代工作委员会、精神文明办、社区、图书馆，等等，这些部门在支持家庭教育方面参与程度不同、侧重点也不同。在开展工作的过程中，这些部门往往各自为政，缺少信息共享，这既造成重复工作的增加，又容易遗漏支持对象。

在学校方面，家长学校的效果不尽如人意，主要原因有两点。第一，中小学不具备同时开设家长学校的能力与资质。我国在教师职前培训阶段并未开设家庭教育类公共课程，这就导致中小学教师在进行家庭教育指导方面存在一定的知识缺陷。第二，我国的中小学教师工作量较大，他们大部分时间都花在学生的学校教育上，很难有精力同时兼顾家庭教育的工作，即使承担了这项工作，也很难保证工作质量。

在社会组织方面,虽然公益性的社会组织在支持家庭教育方面有很多独特的优势,但是它们存在着组织松散、活动随机、人员流动大的缺点,降低了家长对它们的信任度。此外,虽然现在已经有机构开展了家庭教育指导师培训工作,但这些培训的逐利性较强,培训的专业性也不一定能得到保障。

2. 家庭教育支持活动质量较低

在我国的家庭教育活动中,家长一般都是被组织的对象,活动形式往往是主讲人在上面讲,家长在下面坐着听,缺少互动和分享。在这一过程中,家长容易丧失对活动的兴趣,之后就会减少对这种活动的关注和参与。此外,在这种单向的知识传递中,容易轻视实践训练,比如怎样和孩子有效沟通、怎样表达自己的感情,这些都需要实践才能真正掌握。家庭教育支持活动的这些弊病都会使活动本身的支持导向大打折扣。

3. 家长和社会对家庭教育的认识不足

大部分家长将教育的责任直接推给学校和老师,在孩子的成长过程中仅仅承担了养育责任,而将教育责任撇开。缺乏对家庭教育的认识,让家长今后在选择相应的支持机构时出现偏差。此外,社会把更多的学校教育推给家庭,让家庭成为第二所学校,忽视了家庭对孩子生活习惯、品格养成、价值观念等的教育责任。这些观念上的问题都会阻碍家庭教育的发展。

（二）完善家庭的社会支持系统的对策

1. 推动家庭教育立法进程

加强立法管理，从《婚姻法》《未成年人保护法》等相关法律出发，让孩子的成长、受教育权受到法律保护，从源头上营造良好的家庭教育氛围，让每一位家长明确自身应该承担的责任。同时，还应确立家庭教育的法律地位和原则，尽快出台国家层面的家庭教育法，让它在现代国民教育体系和终身教育体系中发挥应有的先导作用和支撑作用。

2. 增加学校支持家庭教育的资源投入

增加政府投入，按照学校的学生数量给予学校配套的家庭教育支持资金，并确保家庭教育支持资金有效、合理地使用。此外，学校还可以争取社会组织和企业的支持。有些社会组织有人才优势，可以给学校教师进行相应的家庭教育方面的培训；有些社会组织有资金优势，争取它们的资金投入可以有效支持家庭教育活动的展开。

3. 创新社会组织的支持形式

公办社会组织与民办社会组织可以优势互补，一起为支持家庭教育提供更好的平台。公办社会组织适合开展高端论坛、大型公益活动，以专业团体为先导，以大型基金为依托，在家庭教育社会支持中发挥引领、服务、救助功能。民办社会组织适合开展一对一的家庭教育指导、社区家庭教育服务，满足家庭教育社会支持的个性化和个体化需求。

家庭教育不是某一个家庭的责任，而是寄托于社会范畴下的教育。在构建家庭的社会服务系统时，应该引入多方力量参与，搭建立体化家庭教育社会支持系统，才能推动家庭教育的科学化和系统化。

第三节　家庭中新成年人的诞生与家庭转型

在世纪交接之际，我国发生了巨大变化：人口、经济、政治、社会和文化要素共同作用于家庭结构、关系、功能和价值取向。作为家庭中新诞生的成年人——"00后"离家上大学的现实也给家庭内部的动力结构带来了新的变化。家庭面临转型，家庭成员如何自处与适应的议题备受关注。

在现代化和全球化的时代背景下，社会转型、经济转轨、人口转变、观念转换，家庭结构、家庭关系和家庭功能更是经受着严峻的考验。因此，在新的时代背景下，探究家庭转型的背景、特点和影响对家庭塑造和适应有十分重要的理论和现实意义。

一、家庭转型的宏观背景[①]

任何一个家庭都不是孤立于时代之外的，都会打上时代的烙印。近半个世纪，尤其从改革开放开始，我国社会发生了翻天覆地的变化。

（一）人口转变

出生率下降对家庭结构产生了影响。从计划生育政策开始，我国的生育率大幅下降。尽管后面出台"二孩政策"，但国民的生育意愿和出生率似乎依旧保持一个低迷的状态。很多家庭仅有一个孩子，这使得家庭模式更为简单，家庭关系更为单纯，家庭功能有所萎缩，家庭责任发生变动。如若兄弟姊妹减少，未婚孩子似乎更有义务与父母同住，这往往跟子女希望获得独立的愿望相冲突，无形中增加了独生子女的责任压力。

人口流动拉大了家庭成员之间的空间距离。随着经济体制改革深入，农村大量剩余劳动力涌入城市。即便是城镇家庭，刚成年的孩子也面临离开家庭去接受高等教育。户籍制度的改革进一步促进了人们的空间流动。截至

———————
① 童辉杰，黄成毅. 当代中国家庭结构的变迁及其社会影响[J]. 西北人口，2015,6(36)：81—88.

2017 年,我国流动人口约达到 2.91 亿人次。人口流动使得家庭模式多样化,产生了形式多样的流动家庭、留守家庭(包括隔代家庭)、空巢家庭等。流动可能弱化了家庭成员之间的情感联结和父母对子女的生活把控,改变了人们的婚姻和家庭观念,同时也加速了子女独立的进程。

(二)现代化进程

公共教育的扩张和教育水平的提高是现代化的重要测量指标,并对家庭结构产生了一定影响。越来越多的成年子女离家到外地上大学,这使得亲子之间的空间距离更远;面对面交流机会的减少使得亲子间观念差距增大,代沟更为凸显。

城市化进程和户籍制度改革为新晋的成年子女提供了诸多就业机会。很多人在大学毕业后留在了就读所在地工作,哪怕未婚,与父母共同居住的比例也进一步减少,空间距离的拉大给亲子间的沟通提出了新的挑战。

分工细化和公共福利制度的完善也对家庭组织产生了冲击。在以往传统社会,家庭成员各司其职,或者外出挣钱,养家糊口,或者操持家务,照顾老人小孩。随着社会的发展,社会分工越来越细,保育、医疗卫生、养老等事业得到了很大发展,各种社会福利制度进一步完善,很多功能,并不一定再要家庭成员亲历亲为,购买服务就可以实现。

（三）婚姻和家庭观念的改变

婚姻和家庭观念的变动对家庭影响潜力巨大。在传统家庭中，"性、情、生、养"密不可分，从而使得家庭结构十分稳固。现代生育科学技术，尤其是人工受孕和试管婴儿技术使得生育与婚姻、家庭分离开来的情况成为可能。尽管这些技术尚未动摇婚姻和家庭的根基，但潜在影响不可忽视。此外，老少两代人，尤其是子代，都在追求更高质量的精神生活，渴望有独立的活动空间和自由。传统的大家庭居住方式难以满足人们的需求，人们倾向于选择小家庭模式。

近30年来，我国离婚夫妻的绝对数量呈逐年上升的趋势。随着离婚率的增加，生活在离异家庭中的青少年也在急剧增加。据中国妇联的相关统计，67％的离异家庭都会涉及孩子。压力理论认为，在短时间内经历大量的生活转变，无论对成人还是孩子的身心健康都会造成负面影响。而父母离婚对于大多数孩子来说给他们的生活都会造成重大的改变，包括父母其中一方的离开，家庭生活水平的降低，搬家和转学，与过去的同学和朋友关系疏远，应付父母的新配偶，跟继父母甚至他们的孩子一起居住，并且还有可能面临父母未来再次的婚姻改变。这些可能的生活改变在短时间内给儿童青少年所造成的累积效应,无疑会对他们的身心健康发展带来危机。

结构功能论认为,家庭作为一个结构,每个成员都承担着独特的功能,这种功能包括经济提供、家庭照顾、角色模范等"显功能",以及未被察觉的"潜功能",失去父母中的任何一人就等于失去了一方的功能。因此,单亲家庭在功能提供方面要弱于双亲家庭。由于孩子的抚养方缺少来自另一半的亲昵和支持,有很大可能性会与孩子过分亲近而失去边界,从而不利于孩子的心理健康成长。

二、家庭结构变迁对家庭关系和家庭功能的影响①

(一)家庭关系的变化

家庭关系指家庭成员间的人际互动或联系,包括平行关系和垂直关系,属于社会关系中的一种。前者指同辈人之间的关系,如夫妻、兄弟姐妹、妯娌、姑嫂等;后者指代际之间的关系,如亲子、婆媳、翁婿、叔侄、祖辈与孙辈等。当前,我国的家庭关系表现出以下几个主要特点。

一是家庭关系简单化。家庭关系与家庭规模和居住安排显著相关。由于家庭规模的缩小和居住的空间隔离,家

① 唐灿.中国城乡社会家庭结构与功能的变迁[J].浙江学刊,2005(02):201—208.

庭中的人际关系趋向于简单化。很多年轻的家庭成员无法体验到拓展家庭或大家庭中复杂的、矩阵式的人际关系。夫妻关系和亲子关系成为小家庭中的主要社会关系，人员的减少使得家庭角色的行为规范和行为模式更加明确。

二是婚姻内权力结构发生变化。现代社会的快速发展和分工的明确冲击了传统的性别角色观念。女性受教育程度的提高使她们逐渐脱离家庭场域的束缚，更多地参与到职场中。女性一方面继续履行女儿、妻子、母亲、媳妇的角色；另一方面也承担了同事、上司、下属的新角色。观念和经济上的独立弱化了她们对父母、丈夫、孩子的依赖，这无疑会调整婚内权力结构关系的变化。

三是亲子关系界限模糊和疏离并存。我国家庭历来重视亲子关系，生儿育女、传宗接代是很多家庭的一大要务。但是亲子之间过分地彼此涉入，相互纠缠，缺乏适当的亲子距离和边界，会给孩子真正意义的"人格独立"带来挑战。孩子成年离家求学，除了物理空间上的隔绝，心理上的"断奶"是孩子和父母需要共同面对的议题。空间距离造成的隔绝，使得双方在情感上想要更多地侵入对方的生活，情感纠葛和依赖现象十分凸显。

成年的孩子往往渴望独立，追求自身更为广阔和自由的发展。但是在低生育率的情势下，子代承载了亲代未能完成的太多心愿，很多子代成了整个家庭情感生活的中心，心理愉悦和生活乐趣的源泉。一个家庭的悲喜与孩子牢牢地捆绑在一起，似乎孩子的良好发展才是整个家庭最大的目标、愿望和幸福。过重的责任和期待往往压得渴望独立和自由的成年子女喘不过气，想要逃离。但与此相矛盾的是，子代也将情感投注在了父母身上，对其产生过度依赖，想要逃离却又无法真正地脱离。

如今的子代少有兄弟姐妹的陪伴，多只与父母交流；同样，如今的亲代也无法像高生育率时代的亲代那样，将精力和情感向多个子女分配和倾注。部分家庭，常常依赖纵向亲子关系的情感转移来弥补横向夫妻关系中无法获得的情感满足，孩子身上很多所谓的"问题"只不过是为了转移家庭注意力的"靶子"，或者是为了缓解家庭内部系统的冲突孕育而生的。之后的案例解析会详细解释这一点，并提供一些解决思路。

另一方面，亲子关系也存在疏离的倾向。除了成年子代想要获得"独立自主"的逃离，电子产品和其他公共资源的易得性，分散了人们的注意力，在一定程度上减少了家庭成员之间的联系，疏远了其关系。由于兄弟姐妹的缺失，子代很小就形成了自己的朋友圈，觉得朋友更加理解自己，遇事多与朋友交流,与亲代的关系反而显得疏远,尽管其情感牵挂并无太大变化。至此,亲子关系中"亲密又疏离"的模式保留了下来。

此外,随着学业竞争的加剧,孩子的学业压力与亲子关系相互影响。长期处于过大的学习压力中,孩子会产生一系列的厌学行为,对学校里的各种活动表现出冷淡和怠慢,甚至可能伴随着学习成绩的下降和正常社交的退缩。

这个时候,父母应该耐心和开放地与孩子进行沟通,了解孩子遇到的困难和想法,帮助孩子一起寻找解决办法。同时与学校老师加强沟通,了解情况。但是无论如何,家长都应该给孩子一个宽松的家庭环境,可针对孩子的学习兴趣、学习能力,与其共同制定一份科学的学习目标,共同努力。逼孩子上补习班,高压地"监督"孩子学习和焦虑地"责难"孩子,往往对事态的解决毫无帮助,甚至可能起到反作用,使得孩子更加厌学叛逆,使亲子关系进一步恶化。而缺乏家庭支持和父母理解,孩子的压力无处排解,会危害其身心健康。

(二)家庭功能的变化

家庭功能亦称家庭职能,是家庭在人类生活和社会发展方面所起的作用,其内容受社会性质的制约。不同的社会形态,构成不同的家庭职能,有些职能是共同的,是任何社会都具有的,有些职能是派生的。我国的家庭功能基本上分为生产职能、生育职能、生活职能、感情交往职能、扶养和赡养职能、教育职能和娱乐职能等。

随着现代社会的转型,家庭结构和家庭关系发生了很大变化,在一定程度上也改变了家庭功能的存在方式及实践活动。现代家庭功能出现了许多新的元素,或外化,或强化,但经济生产、抚养赡养、社会教化和情感陪伴等传统功能依然主要由家庭来承担。除了家庭功能社会化外,家庭功能也表现出了以下新的特点。

首先是教化功能减弱。家庭是子女社会化的第一场所,父母也是孩子的第一任老师。在子女成长的过程中,家庭教给他们最基本的谋生技能,适应环境的能力和独立生存的本领。在日新月异、变幻无常的时代,家庭的教化作用也越显重要。然而在低生育率时代,亲代对子代学习成绩的过度关注和生活上无微不至的照料,剥夺了子代学习和实践基本生活技能的机会,反而阻碍了他们生存适应能力的发展,更有可能促成其自我中心性格的养成。

其次是赡养功能的减弱。中国有着悠久的家庭养老传统,但家庭结构的变迁冲击了家庭的这一功能,使得中国老年人完全依赖子女养老的模式在未来越来越不现实:子女数量的锐减使得责任承担者单一,供养能力下降。人口流动的居住安排拉大了亲子之间的空间距离,降低了子女照顾父母的便利性,增大了履行养老责任的难度,面对面之间的情感联络也受到了限制。除此之外,家庭的经济重心发生了改变,当今家庭中出现"重幼轻老"的现象。低生育率使得每个孩子都弥足珍惜,养育成本急剧上升。这使得大部分家庭面临抚养和赡养的双重压力,当二者出现矛盾时,优先满足孩子的需求是很多家庭常考虑的策略。

三、以系统式家庭治疗的角度来看家庭中新成年人的诞生与应对

▶ **案例1-3**

与父亲疏离的抑郁症患者①

1. 个案基本情况

小李,男,22岁,大四学生。一个月前在某三甲医院临床心理科诊断为抑郁发作,医生建议服药治疗,同时进行心理咨询。目前在家居住、走读上学,系主动求询。主要表现有情绪低落、自罪自责,虽坚持学习但状态不佳,不愿谈论实习和就业等,无自杀意念和行为。

---

① 戴吉,姚瑞,戴嘉佳,夏璇. 抑郁发作大学生的系统式家庭治疗个案报告[J]. 中国心理卫生杂志,2021,35(02):89—94.

自述是"家庭关系不好"导致,希望父母也来咨询。全家同意一起咨询,并签订知情同意书。小李系独子,父亲为家族企业负责人,母亲是中学教师,均为本科学历。小李从小由父母带大,无祖父辈抚养经历。父亲工作繁忙不顾家事,母亲承包家务、照顾孩子。父母经常为琐事吵架,并要求小李评理。小李与母亲关系亲近,一方面同情妈妈"被爸爸欺负",一方面厌烦妈妈在自己面前念叨爸爸的缺点。父亲对小李要求严格,多用责骂、贬低方式对待,要求儿子毕业后即继承家业,反对他自主择业。小李觉得父亲看不起自己,父子关系疏离。父母均认为小李性格内向,不愿表达内心想法。

2. 咨询过程

本案例为高校咨询,咨询地点在学校心理健康教育中心,使用系统式家庭治疗的理论和方法进行。全家共咨询8次,每周1次,每次90分钟,三个月后进行一次回访。咨询过程分为三个阶段。

(1)第一阶段

第一次咨询,咨询师以平等、尊重和中立的态度与家庭各成员建立咨询联盟关系,鼓励每一位成员参与咨询、表达各自不同的看法。咨询师通过差异提问、关系提问、循环提问等系统式提问技术,将小李的抑郁发作与家庭关系联系起来,明确咨询目标为"改善小李抑郁症状和调整家庭关系"。父亲一开始认为小李抑郁发作是因为意志不坚强、不能克服困难,母亲认为是小李想得太多,父母都希望咨询师好好教育小李。咨询师一方面解释抑郁发作的生物学基础和遵医嘱治疗的重要性,一方面进行关系提问:"儿子与什么人在一起更加抑郁?"父母陷入思考,承认孩子在学校情况比在家里好。咨询师继续循环提问:"你们猜,儿子认为家里发生什么会让他的抑郁更严重?"妈妈脱口而出:"肯定是爸爸骂他。"爸爸则谨慎回答:"我和老婆吵架。"如此提问,逐步建立了小李的抑郁发作与家庭关系之间的联系,改变了父母的咨询观念,从希望咨询师教育小李改正缺点,转变为全家一起配合解决问题。

(2) 第二阶段

第 2—7 次咨询,工作阶段。咨询师遵循"假设—循环—中立"的系统式家庭治疗基本原则,进行个案概念化,搭建咨询整体框架和流程。会谈围绕家庭成员的咨询诉求和近期新变化开展,重点讨论某一假设,通过系统式技术对假设进行证实或证伪,对家庭产生扰动。然后探讨可以作出的改变,通过家庭作业巩固变化。如此循环。

咨询师作出假设并进行个案概念化。第一,从家庭结构来看,家庭中存在三角化,表现为夫妻对抗,母子结盟,父子疏离。第二,从家庭沟通方式来看,夫妻沟通为冲突模式;父子沟通少且僵硬,以父亲说教为主;母子沟通多但边界不清晰。第三,从家庭生命周期来看,小李处于离家阶段,即将毕业独立。第四,从代际传递来看,父母在各自原生家庭的排行和家族派遣对核心家庭产生重要影响。第五,从资源的角度来看,家庭存在大量资源。

咨询师将资源取向和合作取向贯穿始终。营造平等沟通的场域,让家庭成员充分表达自己的观点,促进相互理解。通过适当的心理健康教育,帮助家庭了解抑郁发作的生理-心理-社会模式,重视社会因素对抑郁的影响。使用家谱图、家庭格盘等可视化技术呈现家族的两系三代关系,帮助他们在更大系统中理解代际传递。通过循环提问、假设性提问、差异性提问等系统式提问方式,呈现家庭的恶性循环互动模式。通过积极赋意、改释、生命线等方法帮助家庭成员改变看待问题和行为的固有观念和方式,为家庭提供新的思路和选择。

　　小李对父亲要求他继承家业一事深感困扰,因此第2—3次咨询中,主要探讨代际传递和家庭派遣。父亲是家中唯一男性,从小被严格教育要担当家族责任,守护家业的任务一代代传递下来,从爷爷到父亲再到儿子,疏离的父子关系模式也传递下来。咨询师鼓励父亲进行表达:"要求儿子继承家业是家族责任,也是因为不想他在外打拼受苦;相信儿子能担此重任,才会从小严格要求。"从而在情感上联结父子,改"逼迫"为"关怀"、改"看不起"为"相信"。父亲同时表示,儿子抑郁发作让他心疼,父子疏离让他受挫,正在反思自己的教育方式,此时小李明显被触动。分析原生家庭,让小李理解:排行老大的母亲从小照顾弟弟妹妹,照顾家庭的习惯自然带入核心家庭,并非"妈妈被爸爸欺负";同时,作为家中唯一男性的爸爸和排行老大的妈妈互不相让,从而形成多年来冲突的相处模式。咨询师进一步帮助父母看到小李在继承家业和自由发展之间的内心冲突,理解新时代年轻人追求自我发展的需求。变化:家庭成员在更大系统背景下加深了对彼此的理解,态度上均有所松动,对抗有所减少。

处理完小李最关心的现实议题后,第4—5次咨询,着重讨论核心家庭互动模式和沟通方式。咨询师使用循环提问和差异性提问呈现家庭的"恶性循环"互动模式:"父亲越指责、儿子越退缩,父母越争吵、儿子越与妈妈结盟,父亲感到被排斥更生气,更容易和妈妈争吵并指责儿子……"父母和小李均赞成这样的描述。咨询师进一步询问,如果要创造一个共同接受的沟通模式,家庭成员各自可以做点什么,又期待其他成员做点什么?小李眼中目前的家庭关系,显示出三角化:母子结盟,父子疏离。小李期待中的家庭关系是希望父母更加亲密,自己可以向外发展。借助家庭格盘呈现的关系,咨询师确定了去三角化、促进小李自我分化、重建夫妻关系的思路。为降低高情感表达,咨询师示范"夫妻对话技术",指导父母重建有效沟通并迁移到日常生活中;同时指导小李合理表达情绪。新变化:家庭成员均意识到关系是"合谋"的产物,每个人都应该负责。父母尝试在两人之间解决矛盾,吵架时不再拖入儿子。父子打破僵局长谈一次,小李对父亲稍微亲近了一些。

(3) 第三阶段

第8次咨询,结束咨询。主要是回顾整个咨询过程,评估小李的情绪状态，总结家庭关系的改变要点和起效因素，讨论未来可能面临的问题及解决方法，处理家庭与咨询师的分离情绪。

系统式家庭治疗（systematic family therapy）是一种家庭心理治疗方法。以系统论、控制论、信息论和激进构成主义认识论为指导思想，关注此时此地存在着的家庭人际互动现象与家庭成员内在心理活动的关系，把家庭这一基本而普遍的人际系统视为治疗单位。家庭并非由个体简单叠加而成，个体间及个体与环境间通过基本的信息反馈机制相联结；人际交流不仅含有"内容"，且更重要的是传达"关系"性信息；关系网络及家庭外的更大系统制约家庭中个人的心理、行为；家庭成员的症状性行为具有人际意义，其功能在于维持系统的内稳态，或引起系统本身自我组织方面的重大变化。

系统式家庭治疗坚持"假设-循环-中立"的基本原则，遵循"从个人到家庭，从症状到关系"的咨询思路，通过扰动促进家庭自组织，引发家庭互动模式的改变，从而达到减轻症状的目标。咨询流程包括建立咨访关系、澄清咨询背景、确定咨询目标、呈现家庭互动模式、改善沟通方式、探讨代际传递与家庭派遣、挖掘家庭资源、探寻未来可能性、结束咨询等。

本案例展示了一个典型的我国家庭：父亲对小李"望子成龙"，希望"子承父业"，是传统的家庭派遣；小李处于成年离家的家庭生命周期却陷入"自我分化"和"代际忠诚"冲突之中，这是大学生常见的内心冲突。通过以上案例，我们或许能获得一些启发。

第一，良好的沟通包括表达和倾听两个方面，在家庭矛盾的化解中起到关键作用。沟通需要在平等的氛围下开展，需要互相尊重和互相理解。给每一位家庭成员留出充分表达自己观点的空间是良好家庭关系的前提。孩子的声音需要被听到，孩子的立场也需要被看到。家庭成员应该尽量做到"一致性沟通"，尽量保持开放和灵活的态度来面对改变。"一致性沟通"可以分为三个层次：首先是"感受"层面的一致，个体能够觉察、承认、管理好自己的感受；其次是"自我"层面的一致，个体通过与他人、情景和谐积极的相处来展示高自尊；最后是"生命力"的一致，个体能够体悟普遍存在的生命力量，支持和促进生命成长。

第二，家庭中新成年人的诞生会给家庭动力带来很大变化。孩子需要离开家庭去接受高等教育，孩子有自己独立的人生目标和理想，父母应对其采取尊重的态度，支持他们的选择，而不是过多地去干预孩子的人生。当孩子离开家庭的时候，父母可能会产生一种与之分离的不适感。面对这样的情况，父母应该重新思考自己在家庭中的位置，重新思考和规划自己的人生，找到新的追求。毕竟，父母存在的意义并不仅仅是为了孩子，也是为了自己的成长。

第二章

社会工作助力家庭教育

第一节 社会工作领域与家庭教育指导的交集

　　社会工作已经欣欣向荣遍地开花，儿童社会工作、青少年社会工作、家庭社会工作、学校社会工作都涉及儿童青少年的教育问题，与家庭教育有着很宽的交集部分。

▶ 案例2-1

青少年社会工作个案举例

　　1. 基本资料

　　小马，女，是一名初二的学生，近半年来常与社会女性(KTV陪唱女生)交往，并酷爱网络游戏，天天沉迷于网吧，原来学习成绩还算可以，目前成绩一落千丈。父亲知道她的这一情况后，阻止她与社会女性接触，小马我行我素；父亲到网吧里找到她也无法将她劝回。后来，小马不仅三天两头旷课，甚至经常一星期不回家。现在，小马的父亲停工在家，盯着小马，小马也不能正常学习。小马的父亲很苦恼，找到社会工作者帮忙。

2. 背景资料

小马的父母已离异多年,她目前由父亲抚养。母亲另组家庭,生活条件不是很好,所付的生活抚养费很少,也不经常来看她。父亲没有正式工作,迫于生计,给几个装修公司做体力活挣钱,没有时间过问小马的学习,甚至生活上也只是给她一些钱,让小马自己做或者买些吃的。小马与父母沟通很少,平时也很少与长辈人群沟通,话语很少;与身边的老师同学极少交往,很少与人言语。由于无人看护管束,性格冷漠,她结识了校外社会闲散人员,觉得她们能给她关爱,找到了友谊。

3. 社会工作者提供的服务

(1) 提供专业的社会工作服务,协助缓解网络成瘾的情况。例如,让小马拓展其他的兴趣活动,参加社会工作者开展的社区服务活动,等等。

(2) 社会工作者与小马及其父亲会面,提供父女交流的机会。一方面,协助小马了解母亲对她的关爱,鼓励小马关心体谅母亲;另一方面,帮助父亲了解小马的想法和需要,改善和提高亲子沟通的技巧。修正小马的不良行为,改善其留宿网吧、彻夜不归、逃学旷课的行为。经过四次谈话,小马在思想意识上有了很大的提高。

刚开始她十分无奈，面对现实无能为力；后来，她渐渐地开始走出被动、躲避，慢慢地认识到自己目前问题的实质，开始分析导致自身问题的因素，最终发觉了自己的不足所在。从而进一步挑战自己的弱点，走向积极实现自我、完善自我，健康成长的目标。

（3）为了让孩子离开不良环境，在社会工作者的帮助下，在外地找到了一所寄宿制职业技术学校学习。小马的父亲为了更好地照顾女儿，也随小马到学校附近水果超市找到了一份工作。

这是一个青少年社会工作的案例，显然这是一种既不同于心理咨询，也不同于思想工作的援助性支持服务。当前，家庭教育指导是否可以借鉴社会工作的方式方法？从案例中对小马同学和她父亲的帮助来看，里面包含家庭教育，还包含家庭援助。对小马父亲来说，光有家庭教育的理念方法还不够，生活现实问题确实需要解决。社会工作的方法，可以用来践行家庭教育指导服务。

一、社会工作的概述

国际社会工作学院联盟（IASSW）和国际社会工作者联盟（IFSW）对何谓社会工作进行了最新界定。作为全球权威的社会工作专业机构,这两个联盟在 2001 年哥本哈根会议上共同提出:"社会工作是基于人权与社会公正的基本原则而开展的,融合价值观、理论与实践的多维系统,目标在于以多种方式帮助人类与环境进行多样和复杂的交流,促进人类开发其全部潜能,丰富人类生活并阻止人类功能失调,促进社会变迁与人类关系的融洽,加强和解放人类对福祉的追寻。"

从这两个权威机构对社会工作的定义可以看出,社会工作本质上是一项帮助人的工作,帮助人们发现自我、发展自我、实现自我、提升生命质量和人生幸福。

（一）社会工作的含义与性质

社会工作是以利他主义为指导,以科学的知识为基础,运用科学的方法进行的职业化助人服务活动。它是一门综合性应用社会科学,其本质是助人。社会工作以关于社会和人的科学理论为指导,在一定的制度和社会政策框架下,运用科学的、多样化的方法,帮助有困难、有需要的人,并在此过程中发展理论和方法,以进一步推进社会服务的过程。无论从出发点、过程,还是从结果的角度来看,社会工作都是在帮助人。

（二）社会工作过程的基本要素

1. 社会工作者

社会工作者是服务和帮助的提供者,是社会工作过程的首要构成部分,没有社会工作者,社会工作活动就无从谈起。从现代社会工作的角度来看,社会工作者不但有利他主义的价值,而且应该受过一定的科学训练,掌握科学而有效的工作方法。这与我们通常见到的在本职工作之外兼任某种服务性工作的"社会工作"有所不同。

2. 受助者

受助者也称服务对象、工作对象,也有人称之为案主。受助者是遇有困难,自己不能解决并愿意接受社会工作者帮助的人。他们能够表达自己的意愿,并采取行动与社会工作者互动。受助者是服务的接受者,没有受助者,社会工作就失去了必要性。

3. 社会工作价值观

社会工作价值观是社会工作者所持有的助人观念。它包括对助人活动的看法、对自己及受助者的看法。社会工作的价值观是利他主义,尊重受助者的权利和选择。它认为社会工作是一种真正的服务过程,而不是社会工作者在行使手中的权利。社会工作的价值观是社会工作的灵魂,它借助于助人活动与其他类型的社会工作区别开来。

4. 助人活动

助人活动是社会工作的关键,它是助人愿望的传导者,同时也是助人和受助的实现过程。在助人活动中,社会工作者传输的是精心考虑过的、科学的,能够满足受助者需要的信息和服务,而受助者输出的则是需要和对来自社会工作者的帮助行为的理解、选择和反应。助人活动是社会工作者与受助者角色、享用文化、情景、传输手段等多种因素结合而成的行动体系。

5. 专业方法

在社会工作中,个案工作、小组工作、社区工作是社会工作的三种重要方法,它们分别被用来处理个人(家庭)的、有共同需求的小群体和社区的问题。这三种宏观方法的每一种又有不同的工作模式,每一种模式又有许多具体方法和工作技巧,这就构成了社会工作的方法体系。社会工作是服务于人的工作,是解决人们在物质生活、精神生活和社会生活方面所遇困难的工作。正因为此,社会工作形成了一系列有别于其他学科、其他知识领域的专业工作方法。

6. 资源系统

(1)基本的资源系统。第一,非正式的或自然的资源系统,主要包括家庭、朋友、邻居、同事、亲戚等。第二,正式资源系统,包括党派、专业团体、群众组织及各种协会等。第三,社会性资源系统,是为适应社会公共生活与活动建立起来的满足人们短期或特别需要的机构,是人们社会生活的重要支持系统,包括学校、医院、各种社会服务机构、派出所等。它分为正式的或自然的资源系统。

（2）社会支持与社会资本。从一般意义上说，社会支持是指人们从社会中所得到的、来自他人的各种帮助；各种社会形式对社会脆弱群体及社会生活困难者所提供的无偿救助和服务。社会资本是实际或潜在资源的集合，这些资源与相互默认或承认的关系所组成的持久网络有关，而且这些关系或多或少是制度化的。社会工作专业的任务就是为人们提供积极的社会支持，帮助有需要的人们充分认识和使用社会资源系统，不断运用和扩大社会资本。

（3）受助者与资源。受助者的问题和困难基本是由三种情况造成的：其一，在受助者所处的社会环境中没有其所需要的资源；其二，在受助者所处的社会环境中虽然有其所需要的资源，但受助者并不知道而没有使用；其三，在受助者所处的社会环境中有其所需要的资源、受助者亦了解，但因某些原因受助者无法获得这种资源。

（三）社会工作的流程

1. 接案

（1）面谈；

（2）收集资料；

（3）初步预估；

（4）建立专业关系；

（5）决定工作进程；

（6）签订初步服务协议。

2. 预估

（1）收集资料；

（2）分析和解释服务对象的资料及其可能的问题；

（3）认定问题；

（4）撰写预估报告。

3. 计划

（1）设定目的和目标；

（2）构建行动计划；

（3）签订服务协议。

4. 介入

（1）直接介入的行动及策略

● 促使服务对象运用现有资源

● 进行危机干预

● 运用活动作为介入策略

● 调解行动

● 运用影响力

（2）间接介入的行动及策略

● 运用和发掘社区人力资源

● 协调和连接各种服务资源与系统

- 制定计划创新资源

- 改变环境

- 改变组织或机构的政策、工作程序、工作方法

5. 评估

（1）过程评估：是对整个介入过程的监测，包括社会工作介入进行中的评估。评估工作过程的每一个步骤、每一个阶段。关注工作中的各种步骤和程序怎样促成了最终的介入结果。

（2）结果评估：是检视计划介入的理想结果以及这些结果实现的程度及其影响。

6. 结案

（1）结案的类型

- 目标实现的结案

- 因服务对象不愿继续接受服务而必须终止关系的结案

- 存在不能实现目标的客观和实际原因的结案

- 社会工作者或服务对象身份发生变化时的结案

（2）结案阶段的主要任务

- 总结工作

- 巩固已有改变

- 解除工作关系

● 做好结案记录

二、儿童、青少年、家庭和学校社会工作

（一）常见的儿童社会工作内容

儿童社会工作的内容依据服务对象的不同，大致可以分为以全体儿童为服务对象的一般儿童社会工作和以特殊儿童为服务对象的特殊儿童社会工作。

1. 针对全体儿童的一般儿童社会工作

一般的儿童福利服务工作是指以全体儿童为服务对象的社会工作，是在政府儿童福利政策基础上对全体儿童提供的服务，其工作范围主要有以下几个方面。

（1）推动有关儿童的立法。儿童福利服务有赖于政府资金及人力上的投入，因此儿童社会工作的重要任务是积极推动政府在儿童福利、儿童权益保护方面的立法，敦促政府在儿童营养、卫生保健等方面增加投入，并积极为政府出谋划策，提出更多关于儿童福利方面的建设性意见。

（2）促进对儿童的养育。儿童处于生长发育的基础阶段，需要特别的养育。儿童社会工作就是要通过多方面的努力，促进对儿童良好的养育。一方面是保证儿童的营养，推广和普及儿童营养知识；另一方面是保证儿童良好的居住环境，特别是政府在改善居民住房条件的同时，加强对儿

童居住环境的科学辅导,推动托儿所、幼儿园等建设。

（3）推动儿童教育事业。教育是儿童社会工作最重要的内容之一。要达到对儿童的全面教育这一目标,儿童社会工作需要从多方面努力：宣传、推动、监督义务教育有效落实,让更多的孩子受教育;动员和运用社会力量帮助失学儿童重返课堂;普及家庭教育的科学知识,提高家庭教育的质量;宣传现代化的教育思想,提高全社会的教育意识和教育思想水平。

（4）加强儿童卫生保健。儿童卫生保健工作主要有两部分：一是妇婴保健,即通过多种努力,减少婴儿死亡率;二是学校卫生工作,即通过健康检查、身体缺点的锻炼及矫治、传染病的预防、健康教育等方法促进儿童健康发育成长,减少疾病的发生,全面提高儿童的身体素质。

（5）保护儿童权益。儿童有不同于其他社会群体的特殊利益需要保护,由于是未成年人群,他们自我保护的能力有限,这就需要社会予以特殊保护,主要体现在两方面：一是要保护他们的合法权益,如生命权、被抚养权、优先救济权等;二是要保护他们的健康成长,即对危害他们健康的行为予以打击等。儿童社会工作对儿童的保护,除了要引导他们健康成长,成为身心健全的人之外,更要教会孩子自我保护,提高儿童自我保护的能力。

2. 针对特殊儿童的社会工作

特殊儿童是指在生理、心理、智能、情绪或生活适应上遭遇到特殊困难的儿童。他们或表现为生活困难无依，或表现为反常或反社会的行为，需要予以特别的帮助。

（1）对孤儿、被遗弃儿童的救助。对孤儿、被遗弃儿童的救助工作，各国都十分重视。从社会工作的角度，救助的方式主要有儿童福利院安置（或称院内救助、机构教养）、家庭寄养、收养。

（2）对残疾儿童的康复和教育。残疾儿童分为肢残（如盲、聋、哑）和智残两种。针对他们的社会工作，首先是身体的康复，通过必要的身体训练和医疗手段，最大限度地弥补残疾带来的功能损害。其次是教育，通过开办特殊学校、随校设立特殊班、随班就读等方式，使残疾儿童受到正常的教育，教会他们一技之长。最后，还要通过多种形式使残疾儿童适应主流社会，扩大孩子们的接触面，引导他们接触社会，使他们建立信心，培养他们成为较好适应社会活动的人。

（二）青少年社会工作的内容

青少年社会工作的内容根据其性质可以分为两大类：其一是针对青少年的生理和心理需求，提供社会资源，协助其正常发展而提供的发展性服务；其二是针对已发生问题的青少年的个人、家庭、社区环境之病理因素，提供矫治为主的矫正性服务。由于青少年社会工作的本质在于教育和保护，目标在于协助青少年健全成长，所以服务的提供必须涵盖需求与问题两种取向，对于青少年的发展性服务和矫正性服务给予同等重视，设计出发展性、教育性、预防性、矫正性与补救性的服务方案，协助青少年在身心灵方面全面成长。所以，就青少年社会工作的内容而言，至少包括以下几个部分。

1. 娱乐休闲服务

娱乐休闲服务涉及有关青少年在闲暇时间如何获得娱乐设施与服务方面，这和青少年的健全身心发育相关，也和对青少年进行有效社会控制和社会化有很大关系。社会工作者既要积极为青少年创造条件，提供娱乐服务，又要对各种娱乐设施进行鉴别，保证其不会对青少年产生不利影响。

2. 个人辅导服务

这是指在青少年生活和成长过程中，针对其个别性的心理、发展及信息等方面需要，提供一定的辅导性服务，帮助其应对压力、改善处境、有效适应。由于青少年处于身体和精神发育尚不完全成熟状态，或面临生活与工作适应上比较多的特别压力，这类需要常不可避免地普遍存在于青

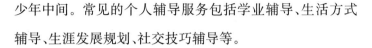

少年中间。常见的个人辅导服务包括学业辅导、生活方式辅导、生涯发展规划、社交技巧辅导等。

3. 婚姻家庭辅导

婚姻家庭方面是与青少年比较相关的一个领域，有关的需要在青少年群体当中也比其他群体要高。这方面的服务主要是指协助青少年建立正确的婚恋观，处理与性有关的相关议题，满足青年结成婚姻、建立家庭的需要等。

4. 青少年矫治服务

青少年矫治服务是指针对有问题行为或已发生犯罪越轨现象的青少年，社工运用社会工作的专业方法和技巧，使之加以纠正改变，令青少年重新获得正常生活的服务。显然，由于青少年群体的特殊性，其成员发生行为偏差甚至罪错现象的可能性要比别的群体大。但他们需要社会和国家予以积极的救治，使之重新获得健全正常的生活，而不能像对待成人一样，只是简单地给予惩罚和隔离，所以这也成了青少年社会工作中一项特定的服务。

5. 青少年保护服务

青少年保护服务是指针对易受伤害的青少年或领域给予保护性的服务。这包括对于处于家庭暴力、校园暴力、单位组织中的暴力等情境中的青少年给予保护和辅导，以及为残疾青少年、单亲家庭青少年、孤儿青少年等提供的保护性服务等。

（三）常见家庭社会工作的内容

1. 家庭生活服务

家庭生活服务主要是指社区中相关机构针对居民提供日常生活需要的有偿服务。服务内容包括以下几类：家庭的卫生清洁服务；家庭婴幼儿和老人照料服务；由社区组织的居民互帮互助服务；社区便民热线服务，居民通过拨打热线电话，解决购物、清洁、送小孩上学、家电维修、保健咨询等。通过这些日常的生活服务，可以减轻家庭成员（特别是一些双职工家庭）的负担，使夫妻从繁重的家务中解脱出来，不断提高家庭生活的质量。

2. 家庭救助

在家庭遇到特殊困难或意外灾害时，例如家庭中有失业者、家庭成员重病或死亡等原因而造成家庭经济收入低于最低生活保障线时，国家和社会以现金或实物的形式对家庭进行救助。对弱势家庭的救助不仅是政府的重要职责之一，更是保障社会稳定的重要工程，是社会文明进步的重要标志。因此需要政府和社会给予特别的关注与照顾。

3. 婚姻咨询

以上两种服务主要是停留在物质或经济等方面的硬性服务。目前随着家庭生活水平的不断提高，人们对家庭质量的要求也在不断提高。因而在一些发达城市,家庭婚姻咨询服务应运而生。其目的是协助减少家庭问题,防止家庭破裂,改进婚姻质量。

4. 家庭心理卫生服务

现代社会竞争激烈,巨大的生活压力、工作压力导致人们容易产生精神压力,造成种种心理障碍,给现代的家庭生活带来各种矛盾。家庭心理卫生服务是帮助家庭成员缓解由于个性、社会、经济和文化冲突所引起的紧张,消除心理压力,健全人格。随着离婚率的不断上升,家庭心理卫生服务为离婚者提供心理卫生服务并协助他们与能够调适的异性再婚,尤其是为老年人再婚提供心理上和社会上的支持等。

(四)学校社会工作的内容

学校社会工作(school social work)是社会工作的一个重要组成部分。美国社会工作协会(NASW)出版的《社会工作百科全书》中,对学校社会工作的定义是:"学校社会工作是运用社会工作的理论与方法以实现学校的主要目的。学校的主要目的是为学生提供教与学的场所,使学生能为现在所居住的世界与未来面对的世界准备他们自己。"综合各种观点,我们认为,学校社会工作是政府、社会各方面力量,或能够运用社会工作的理论、方法及技术的个人,对正规或非正规教育系统中全体学生,特别是对处境困难的学生提供的专业服务。其目的在于帮助学生或学校解决遇到的某些问题，调整学校、家庭及社区之间的关系，发挥学生的潜能和学校、家庭及社区的教育功能，以实现教育目标乃至若干社会目标。

具体来说，学校社会工作的目标包括：（1）帮助学生发挥潜能，促进学生适应学业、情绪和行为方面的发展；（2）培养学生建立正确的价值观、责任感及和谐的人际关系；（3）提高学生对社会的关怀；（4）与老师及家长们紧密合作，辅助学生成长，并促进彼此间的了解和沟通；（5）提出适当的建议去改善现行的教育制度和学校生活。

学校社会工作的服务内容非常广泛，凡是学生学习、生活等各方面的问题，都会引起学校社会工作者的关注。而且，随着现代学校中新问题、新事物的不断产生，学校社会工作的内容也在不断拓展之中。概括来讲，学校社会工作的内容主要包含以下几个方面。

第一，学校社会工作的首要任务在于协助"问题学生"摆脱困境，提高其应对和解决问题的能力，进而促进其健康发展。学生的问题是多方面的，可能是个人学业、观念、心理情绪、身体生理方面的问题，也可能是学生家庭环境、人际交往、未来发展方面的问题。帮助青少年学生找到问题的根源所在，帮助他们克服困难、摆脱逆境，树立积极乐观的人生观和价值观,提高应对问题的能力和信心,使他们健康快乐地成长为全面发展的有用人才。

第二,学校社会工作以全体学生为服务对象,致力于培养和提升学生在学习能力、价值观、判断力、自信心、责任感、助人意识、团队精神、领袖气质等方面的综合素质。社会工作者可以结合学生的需要,利用自己的专业知识,根据不同的主题,有针对性地设计一些小组活动和娱乐服务项目。另一方面,学校社会工作者以全体学生为服务对象,还意味着要保证实现教育机会均等和普及义务教育。对少数因经济、社会、心理等因素不能参与或不能充分运用教育机会的学生,社会工作者要为他们争取更多的资源和支持,为他们的生活与学习提供扶助和保障,使他们能够获得受教育的机会。

第三,学校社会工作的内容并不局限于学生,还包括对教师和学校工作人员、学生家长、社区相关人士与机构提供服务,并协调好学校、家庭、社区和社会之间的关系,成为各方密切联系的纽带,以充分调动各方面的资源和信息,协助各方为学生提供更好的学习环境和更多的学习资源。

学校社会工作者可以同学校行政人员一起,了解学校、学生、教师的情况和问题,寻找有效的解决方式,制定有利于学生成长和教学要求的学校制度。可以与学生的父母进行沟通，一方面促进学生与父母之间的相互理解，另一方面帮助家长理解和接受学校的培养目标及学生的真实需要，促进双方的合作。社区也是学校社会工作者一个重要的工作场所，学生、家长、学校都处于社区中，社区可以促进三方的交流，也可以为他们提供更多的资源和舞台。学校社会工作者可以推动学校和社区的合作，为学生提供实践书本知识、了解参与社会活动的机会。

第四，学校社会工作者还要研究学校和学生问题，提出合理建议并影响学校规章与教育制度的改革。

学校社会工作者工作在教育系统的第一线，对学生的真实生活和思想状况了解较深，接触到的学校问题也较集中，同时在与学校、家长、社区及政府等多方面的接触中，容易收集到丰富全面的信息。因此，学校社会工作者要利用自己的优势，及时地发现学生中出现的新问题，收集学生、教师、家长对现行教育体制的看法，听取各方意见，以便对学生管理与教育制度的发展提出可行方案，从更高的层面上为学生的健康成长贡献力量。

三、儿童、青少年、家庭和学校社会工作与家庭教育

儿童、青少年、家庭和学校社会工作，都与家庭教育指

导有交集，这四个方面的实践，已经萌生出"教育社会工作"，即用社会工作的方法提供教育服务，其中家庭教育指导是最重要的组成部分。

从儿童发展角度来说，早期家庭养育的方式，对后期儿童心理发展有重要的影响。普遍情况是，家庭对于早期养育各有方式，其中不乏错误观念和养育方式。即便在经济文化相对发达地区，也不能避免。关注影响婴幼儿养育的家庭教养方法，也是儿童社会工作的重要内容。

常见青少年社会工作内容涉及了不同情况青少年的可能或必要需求，但在深度上还需要挖掘。人们习惯于把目光聚焦于容易辨识的典型现象、典型事件、典型人物，并为之作出反应。相比于典型行为问题的青少年，我们对于看起来没有行为问题的正常青少年关注得太少。成人世界没有为青少年世界作出更多应有的积极影响，没有对他们的需求作出更多积极响应，却一直期望他们到我们的世界中来，甚至埋怨他们的迷茫。这也是家庭教育的误区和盲区。

家庭社会工作包含对家庭成员的心理支持，引导更多家庭在家庭生命周期的关键转型期获得家庭的成长，换来所有家庭成员的提高。家庭教育是"家庭成长"的一部分，家庭成长的主体是家庭，它包含家庭中的个体和个体关系的成长,两者相辅相成。

学校社会工作的内容并不局限于学生,还包括向教师和学校工作人员、学生家长、社区相关人士与机构提供服务,并协调好学校、家庭、社区和社会之间的关系,成为各方密切联系的纽带,以充分调动各方面的资源和信息,协助各方为学生提供更好的学习环境和更多的学习资源。学校社会工作更适合跨越学校围墙,在学校、家庭、社区三者之间跨界运作,可以创造很多服务空间,来完善对学校教育,发挥家庭教育或者社区教育的能力,使学生最终得到更大的益处。学校社会工作与家庭教育直接关联。

儿童社会工作、青少年社会工作、家庭社会工作和学校社会工作,都与家庭教育密切相关。从行业发展和社会需求来看,它们的交叉集合部分,可以称之为"教育社会工作",作为一种具有特殊专业要求的社会服务,家庭教育指导正在走向专业化。

第二节 社会工作方法运用于家庭教育指导

社会工作与家庭教育指导工作没有截然的分界线,社会工作三大工作方法（社区、小组和个案），适用于不同的场景和需求。在家庭教育领域，运用社会工作的方法来开展家庭教育指导，具有重大现实意义。

一、社区工作法适用于开展家庭教育指导

社会工作的"社区工作"方法，是以社区整体或部分为对象的社工介入手法；它通过组织成员有计划参与集体活动，解决社区问题、满足社区需要；在参与过程中，让成员建立社区归属感，培养自助、互助和自决的精神，加强其社区参与及影响决策的能力和意识，发挥其潜能，最终实现公平、民主和谐的社会。

> **案例 2-2**
> ### 借鉴社区工作实施家庭教育指导
>
> 政府购买公益服务，是当前社会工作领域常见的方式；2019年，上海某社会工作发展中心创新服务模式，设计实施了一个实验性未成年人心理健康与家庭教育咨询服务项目。由中心设计针对学校常见家庭教育困惑现象的家庭教育科普宣讲课程，做好统一的课件，由5位主讲老师和10位咨询支持老师分5组到15个街镇开展家庭教育科普宣讲活动，每一场宣讲活动有3位老

师,1 位主讲,2 位现场资讯互动支持。家长们报名集中到街镇社区学校参加科普宣讲课程,并且成立了街镇家长家庭教育交流学习群。与此同时,在宣讲结束后,公布个案咨询预约方式。

在短短一个月的时间里,共接受咨询预约 138 个,实现有记录的有效个案咨询 68 个。个案选摘如下。

1. 个案(一)

咨询时间:2019 年 12 月 28 日 9:00

妈妈带女儿来咨询,诉求是女儿目前成绩下降,整个人精神状态低迷,甚至出现自杀念头,表现为:女儿亲口说过,我为什么总是不开心,真想死了算了。

孩子自述没有理由的不开心(实际是指自己说不上理由的不开心)。

在咨询中发现,孩子在学校遭受到比较频繁的批评,主要原因是作业跟不上节奏,目前节奏已经全部被打乱,学科脱节。妈妈认为女儿小学时候成绩很好,从三年级开始报读了语数外补课班,最终如愿以偿考入目前这所民办学校。但是现在的问题已经让父母(主要是母亲,尚未知晓父亲的具体反应)紧张焦虑,已经停止补课班学习活动,也已经跟学校沟通,让老师不要关心孩子的作业和成绩,表示过一段时间等孩子缓过劲来,家长会想办法帮孩子补上。

已经去看过三家不同的医院,分别诊断为重度抑郁、疑似抑郁和轻度抑郁,在吃抗抑郁药。

妈妈自以为孩子是经常跟她沟通的,主动向妈妈说学校的事情,和一些发生在她自己身上的事情(实际是被人欺负了、冤枉了或者发生矛盾了,诸如此类),妈妈通常给予教育指导——实际上女儿跟妈妈讲这么多,主要是在求助,而妈妈领会不到这是一种求助行为。当点明女儿是在向妈妈求助的时候,孩子在现场流泪了。

孩子愿意继续接受心理疏导,妈妈已经认识到家庭中成年人应该作出的改变,并且支持孩子继续接受心理疏导。

2. 个案(二)

咨询时间:2019 年 12 月 28 日 10:00

妈妈来咨询,诉求是哥哥老是抵触弟弟,而且也不肯好好做作业,觉得妈妈总和弟弟一起玩。

在咨询中了解到,哥哥 8 岁,弟弟 2 岁,哥哥不愿意让爸爸管,弟弟谁也不要只要妈妈。妈妈带弟弟,哥哥不能安心做作业,而且对弟弟有抵触情绪,会还手打弟弟。妈妈为此很焦虑,担心哥哥是不是青春期叛逆。

哥哥有一个权利,就是帮妈妈照顾弟弟,当然也有权教育弟弟,弟弟打哥哥时,哥哥除了还手,还有没有什么好方法,能够教弟弟学会怎样尊重哥哥,怎样不打人?这样兄弟就有了位置关系,让弟弟知道除了妈妈管我,哥哥也可以管我。哥哥可以帮妈妈出出主意:是先完成作业再和妈妈、弟弟一起玩,还是先帮妈妈搞定弟弟再做作业?这样也会培养起哥哥的责任心,让哥哥对自己的角色满意。

妈妈已经认识到家庭中成年人应该作出的改变,并且已经预约下一期继续接受心理疏导。

3. 个案(三)

咨询时间:2019 年 12 月 29 日 9:00

母女二人一同前来,女儿现在是二年级学生。妈妈主诉女儿有不愿意上学的倾向,而且一年级开始就有每到周一就头疼的现象,最近作业完成的速度和质量都有所下降。

孩子自诉不愿意上学,但很愿意见到同学。最喜欢上的课是美术课,因为可以让她自由发挥,也承认自己写作业的速度偏慢。

每次妈妈或老师的音量一提高,就会导致她情绪失控,会害怕,较敏感。在咨询中发现,孩子在家绝大多数时间是和妈妈一起生活,爸爸基本上都不在家。玩乐也多是自娱自乐。妈妈反复强调她制定了许多亲子项目,但由于孩子完成作业的时间太晚,导致从未实施过。妈妈自诉在生活中比较要强,所以在教育孩子的过程中,孩子的行为跟不上自己的节奏。

咨询沟通中,妈妈认识到家庭教育中她是核心人物,从先学会控制自己的情绪开始,多给予孩子一些鼓励和肯定。母女俩也约定,如果妈妈下次控制不住发了脾气,孩子就给她一个拥抱或者亲吻来缓解气氛。现场母女俩相视一笑拥抱在一起。妈妈表示自己和孩子都愿意做一些改变。

绝大部分家庭的家庭教育困惑都有相似性,绝大部分家庭的家庭教育是没有参照标杆和相互交流机会的;采用针对性设计的科普宣讲课程,形成体系化地向目标家长输送,充分调用社区资源,把学习和解决实际问题紧密关联。用这样一种项目化的社区工作策略开展家庭教育指导工作,效果会比较好。

从案例项目活动出现的个案咨询来看,生活中类似的家庭教育困惑经常发生，有些适合继续深入咨询，有些适合鼓励家长自我调整，也有些需要转介治疗。但基本没有一次就可以完全解决问题的，最终解决问题，基本都需要家庭成员共同行动来逐渐达成。社会工作在儿童、青少年、家庭和学校领域的个案和小组工作法，也可以沿用到家庭教育指导。

二、小组和个案工作法沿用到家庭教育指导

如前所述，儿童社会工作、青少年社会工作、家庭社会工作和学校社会工作，都与家庭教育有着显著的交叉关系，可以定义出一个"教育社会工作"的专门领域出来。这些社会工作的小组工作法和个案工作法，都可以沿用至开展家庭教育指导工作。

◉ 案例 2-3

真的有其父必有其子吗？

1. 基本情况

小闻，男，某街镇小学三年级学生。父亲闻先生首婚早年离异，首婚无子女；小闻是二婚亲生子。家庭条件比较困难。

2. 学校老师的反映

（1）该生记忆力差，反应迟钝。

（2）学习不认真，不能按时完成作业，字迹潦草，成绩极差。上学期期末考试，语文 8 分，数学 15 分，英语 23 分。

（3）学习习惯和行为习惯很差，课上不能静心听课，多动，吃零食，乱扔垃圾，不时地乱叫乱喊，随意走动，稍有不称心就拍桌踢凳，严重影响课堂纪律。

（4）课间在教室或走廊里乱跑乱撞，打人骂人，有时伤害同学。

（5）特别是遇到不开心或不如他心意时，就会发脾气，眼圈发红，呼吸急促，拿到任何东西会不计后果地摔坏，乱砸人，非常危险。教师、家长反复教育，没有好转。

3. 首次咨询要点

（1）小闻的父亲是上海本地人；母亲是外来打工妹。

（2）小闻父亲早年赌博，输光家底，并且受到债主逼债。一家三口无奈搬迁到小闻妈妈的娘家生活。小闻就在那个时候出生，幼年在浙江农村外婆家长大，主要由母亲带大。小闻父亲在浙江农村躲避债务时终日不出门，也不参与养育孩子和社会活动。

（3）小闻读幼儿园中班的时候，一家三口回到本地，小闻爸爸的老父亲体谅儿子，让他住进了自己在镇上的老房子里。老人自己住到了其他子女那里。

（4）小闻父亲回来后长期不工作,赋闲在家5年,来咨询前一个月刚刚进入一家冷库企业做普通职工。小闻妈妈在清洁环卫公司工作,月收入3000元。几年来家庭物质生活低迷,主要靠小闻妈妈的工资收入维持日常开支。

（5）小闻妈妈描述其丈夫,因为自己为人处世的原因,在这里亲戚朋友都不愿意有什么走动,大家都看不起他们,只有小闻的小姨妈稍微好一点,大姨妈等人根本瞧不起他们一家。小闻有一次特意问妈妈有没有朋友。

（6）小闻父亲赋闲在家不干活,天天上网玩游戏,对儿子没有耐心,动不动就发脾气,很容易被激怒;对待周边人和事都是这样"充满敌意",看见门口的小猫和小狗,会狠狠地踢上一脚;看见人家不小心放在走道上的东西妨碍他了,就会一脚踢开(其实也不影响他走路)。像是一只"困兽"。

（7）小闻喜欢外婆家,几次说要到外婆家去。

（8）班主任描述:小闻基本不属于正常在教室读书的学生,老师和同学们必须对他小心翼翼。在管理语言和要求上稍不留神,就很可能触发他的情绪开关,招致大喊大叫拍桌子踢椅子砸东西⋯⋯歇斯底里地发作(咨询师概括,班主任确定确实如此)。班主任举例,开始的时候不知道小闻底细,他不做作业,老师要求他做起来,小闻没有动,只管自己玩,老师批评他上课不可以这样随心所欲。小闻犹如受了极大刺激一样,把桌子往前推开,一脚踹翻,眼睛发红,呼吸急促,开始大喊大叫,拿东西乱砸,场面一度失控。平时课间他也有一些奇怪的举动,比如前面同学在走路,他会突然冲上去撞人,有时候会出现同学被撞倒,很危险;有时候,他会在两排座位之间的空当里,起步往前助跑,跳起来撞到教室后面的墙上,一下子把自己弹回来,这种举动令人害怕。现在同学们也都领教了,所以大家都小心翼翼,尽量不去刺激他。

(9)追溯小闻行为特征的变化,母亲认为在浙江农村老家时没什么问题,就是比一般孩子皮一点,喜欢玩。回来以后,脾气变坏了,跟他爸爸一样。

4. 与小闻面谈

一家三口一起到来,小闻的语言互动能力明显低于预期。咨询刚开始时,其父就表现出自以为是的"干扰",对儿子的现场举止细节和语言表达横加指责。其目的在于希望儿子"好好跟咨询师说话"(以他认为的正确方式)。

现场细节表现出这位父亲已经习惯于指责和压制,跟儿子之间没有亲密感。而母亲处于弱势,只能弥补性地照顾一下儿子,甚至为了迎合丈夫而不得不附和丈夫对儿子的评判和要求,表现出她的无奈。

不得不请家长离开现场半小时,咨询师与小闻单独谈话,小闻终于由紧张担心到比较适宜地与咨询师交流。但尽管交流过程深受小闻自身语言沟通表达能力的限制,但还是基本清楚了小闻的状况:根性羸弱又缺少早期培育,家庭呵护不足而呵斥有余,认知粗浅且发展滞后扭曲,精神世界匮乏又源头贫瘠。

这是一个基础薄弱又缺少早期成长关注的生命个体,造成今天这种发展状况的主要原因在于其家庭,父亲的"空洞强势"和母亲的"无知无力",这两个主要的早期养育者非但不能扶正小闻这棵成长力弱小的树苗,反而将它推向了歪曲的方向,在贫瘠的家庭文化土壤上任其自然生长——只是活着。因缺乏自信而强装有能力的父亲在之前的十多年里,一直尽最大努力掩盖自己的弱小无力和逃避责任,明明靠着妻子的苦力支撑,他还要在这个外地来的妻子面前装扮懂行,他以"说他、打他、骂他"的方式教育孩子,实际上是缺乏爱的能力的表现。

而小闻妈妈这个无知无力的弱势母亲，实际上根本无力平衡掉丈夫的"爆炸力"。所以，这个家庭是一个在"自吹自擂漂浮于半空的精神黑洞"控制下的贫瘠的物质空间，基本不会长出一棵精神的幼苗来。

小闻父亲并未意识到自身原因导致的家庭问题，也并未做好自我改变的准备。要求父亲停止打骂儿子的行为，甚至连指责都不允许。这是父亲欠儿子的，现在必须还，而且要加倍还上才有可能帮助到儿子。提出具体做法如下。

（1）陪读，而不是教育。父亲所谓的教育，其实不是教育，仅仅是评判和指责。所谓陪读，是指放弃所有业余时间的玩游戏和打麻将等活动，和儿子一起学习。父亲不是老师，而是和儿子一样是学生，只是没有在学校课堂里。只有在陪读过程中，儿子才可能体会到父子亲密感，并且萌发情感智慧，而且，这是父子双方的。

（2）放弃，然后抓起。放弃所谓的行为和学习成绩评价标准。小闻根本不在这个可以放在被评判的层面上。相反，要抓起任何小闻感兴趣的看起来与读书没有关系的事情，父子两人一起投入时间和精力，去加深认识，去探讨。在这个过程中，小闻可能会意识到要学习，并且之后反过来有利于学校学习行为。

（3）考虑家庭条件的调节，看看有没有可能充分调动外婆家的资源，创造机会让小闻在外婆家重新读二年级，争取在读中学之前能够调适好，再回来读中学，这中间还有很多需要准备的。

小闻父亲在咨询中对自己的问题能够承认，并愿意听从意见，尝试着帮助儿子。他说"试一个月看有没有效果"。咨询师明确正告他，至少要坚持一年才可以做评价。小闻父亲并不一定能做到咨询建议，因为这里包含他自身的心理问题和人格倾向性，他没有这个能力自我反省和调适；可能由于这次咨询，小闻母亲或许在家庭内部能够提升关于儿子的发言权，并且可以借此提醒和要求丈夫改变行为。

这个案例是关于家庭教育的，同时也可以说是关于家庭社会工作的。解决教育问题的根源还是在于解决家庭问题，这两者不能截然分开。案例中父亲要发生转型，可能是比较困难的，这个案例的最佳解决办法是除了咨询，还需要加上社会工作的陪伴式的援助，促成这个家庭转型发展，也促成孩子转型发展。

（一）儿童社会工作方法与早期家庭教育指导

儿童社会工作的主要方法是以家庭为中心。家庭是儿童成长的最佳环境，因此，儿童社会工作保障儿童能够安全、永久和健康成长的有效方法就是要联合家庭，让家庭参与，发挥家庭潜能，并给予家庭支持。挖掘所有与家庭相关的社会支持网络，包括亲戚和社区里的资源，制订家庭支持服务计划。

从生活现实来观察，绝大部分家庭和他们的孩子，需要的是增加他们养育能力的社会支持和调整他们在养育孩子过程中存在的矛盾重重的家庭关系。用社会工作的方法可以去着重关注和化解家庭养育中的三个矛盾。

1. 隔代照料与隔代侵占的矛盾

不少年轻夫妇，尤其是年轻的妈妈，孩子出生后的照料问题困扰了他们。他们一方面需要孩子的爷爷奶奶来帮忙养育孩子，另一方面又对祖父母"侵占"孩子心存顾虑；这种矛盾更多体现在媳妇和婆婆之间，甚至演化成婆媳矛盾，不少新妈妈的产后抑郁症也来自这个原因。这种情况下，影响孩子的已经不是如何科学养育的技术问题，而是养育者的状态问题和由此带来的家庭成长上限问题。要帮忙解决的不是科学养育指导，而是家庭关系疏导和重塑。

2. 家庭内部养育观念的矛盾

也有不少家庭，两代甚至三代家长对孩子的养育观念和方式手法相互冲突，造成很大的负面影响。通常情况下这种矛盾并不是心理问题导致，而是家庭成员角色关系纠葛，人际边界模糊交叉导致的。帮助当事人看见自己和家庭其他成员之间的边界，以及边界状态，从而改变与其他成员的互动方式。

3. 养育者能力与需求不匹配的矛盾

家庭养育者的个人能力与科学育儿的需求之间存在落差，不少养育者缺乏这种能力。可以采用个别服务和团体辅导的方式来实现。主要包括两个方面：一是婴幼儿的身体发育和心理发展规律，以及这些规律对养育行为的实际指导；二是养育者本人基于性格特征的爱的方式，以及如何改变自己爱的方式。

（二）青少年社会工作与家庭教育指导

心理社会理论对于青少年社会工作的启示在于，它为人类发展提供了一个阶段性的见解，重视社会环境、文化带给个人的影响，强调个人的发展良好与否，其实不只是生理成熟的因素，而且包含了环境对于个人的要求与个人对于社会要求的适应，并指出青少年时期的主要任务是自我认同与建立亲密关系。

美国著名人类学家米德(M. Mead)从人类学的观点来看待青少年,指出青少年是社会固有文化的产物,她提出了"青少年亚文化"的概念,指出要认识代与代之间的文化传递过程。亚文化指的是某些人的观点和生活方式显著地不同于社会主流。青少年为了满足生理与心理的需要,应该有一套适合自己的生活方式与生活内涵,因此青少年发展或模仿了属于他们的文化,这便是"青少年亚文化"。

当前的青少年亚文化主要具备以下一些不稳定特点。

(1)意志高涨的自我文化。青少年亚文化发展最明显的莫过于青少年对传统价值体系的抗争,表现出对父母师长的不信任及对寻求独立的强烈渴求,处处与成人唱反调。

(2)成群结队的群党文化。依据艾里克森的心理社会危机论,青少年发展团体认同中注重忠诚,然而忠诚发展不当则易形成帮派。青少年聚众喧哗、打架闹事时有所闻,因为人多势众有所依赖,易造成犯罪行为。

(3)独树一帜的流行文化。为了在同辈中受到赞美,为了彰显自己的与众不同,青少年花费心思讲究外表的打扮,刺青、穿耳洞、染发等,无一不是刻意凸显自己的特色。

(4)澎湃激情的偶像文化。青少年容易花费大量的金钱与时间收集偶像明星的照片及外围产品,将自我中心投射到影星身上,幻想自己是舞台上人人注目的明星,以求得心理的满足。

（5）幻想世界的虚拟文化。计算机及电玩的普及、漫画书的充斥，使青少年借由图形及感官刺激的变化来取代传统的文字符号。青少年活在虚幻的网络世界中，甚至以欺瞒的身份与人交往，无法以真面目、真性情示人，生活在与现实世界脱离的虚拟世界中。

（6）抽象难解的流行语文化。青少年彼此之间的流行语，成了辨认"世代"的标志，青少年以此沟通，明显与主流文化相区别。

青少年亚文化固然褒贬兼具，但并不是人人都这样，而是这些特点在这个年龄段发生概率最大。同时，青少年亚文化却代表着一些深层含义：它展现了青少年新颖独特的创意，激发潜在能力；使青少年社会关系扩大，人际交往能力增进，进而完成团体认同的发展任务。米德的亚文化理论在家庭关系、成人社会与青少年之间的关系等方面的论述，可以帮助青少年社会工作者理解和接纳青少年，并更正确地对待青少年。

不可否认，也有一些青少年经常逃学或离家出走、深夜在外游荡、参加帮派组织、经常与有犯罪习性的人交往、药物滥用或打架滋事，常常介于学校教育体系和司法矫治体系之间，造成服务的不连续。此外，这群处于社会边缘的青少年因其不易主动求助和抗拒权威等特点,在遇到问题时倾向于自行解决或找身边同龄人协助,反而使得其接受福利资源的比例偏低,令一般的青少年服务机构较难着力。社会工作对这些特殊学生很关注。所用的工作姿态主要是专业陪同,在陪同案主接受转型援助的过程中,社会工作者需要付出大量的劳动。

从家庭教育角度来看,这些亚文化特点无疑也是孩子们同龄社群的群体文化特征,明智的家长会从孩子的角度来观察和思考这些特征。家庭教育指导服务除了要帮助上述"问题"孩子,还需要关注更多遇到了情绪困惑和发展困扰的孩子。他们不至于逃学,但他们确实厌学;他们不是离家出走,而是"宅"在家里不走;他们不至于药物滥用,但他们可能情绪抑郁;他们不至于打架滋事,但他们打游戏沉迷。这些"不妨碍别人,但是也别想妨碍我"的个体沉沦式的问题,是家庭教育指导遇到最多的问题。前述三个案例都是这样,解决之道还需要更加精准地触及内心的综合性援助措施,其中社会工作的方法应该占一席之地。

做好不妨碍别人的个体沉沦式"问题"学生的转化工作,最基本、最直接、最有效的途径就是家庭教育的调整。而且这些个案寻求帮助有两个典型的特征。

第一,求助方不是青少年自己,而是他们的父母亲。

家长普遍期望像医院里看病,把解决问题的责任交给医生一样(尽管事实上解决问题的是病人自己,医生只是起一个外因作用),他们试图把解决孩子问题的责任交给心理工作者。实际上,家庭是一个具有强大心理影响力的系统,青少年的行为问题、情绪问题或者发展困扰,离不开家庭中的应力关系。父母对此不予重视,不会善加管理,孩子问题行为的缓解和个人转型发展,将是一件十分困难的事情。

第二,家庭其他成员的调整遭遇困难。

很多时候,孩子们自己是愿意尝试新的自我认知和行为方式的;可是,家长们就像一面面奇怪的镜子,让孩子从他们这些镜子里看到"我不是我想的那样的""我是不上进的、不成功的、不被欢迎的"或者其他种种对过去、现在或未来的否定。

（三）家庭社会工作与家庭教育指导

家庭社会工作的主要方法是"家庭治疗"。在社会工作语境中,家庭治疗是一类以家庭为对象进行的治疗模式,治疗师通过与全部或部分家庭成员的治疗性会谈以及其他专业技术来协助家庭成员改善家庭关系,建立良性的家庭互动模式,从根本上解决整个家庭及个别成员的问题,促进家庭的良性运转和家庭成员的身心健康。家庭治疗是以家庭而不是以个人作为治疗单位。每个家庭成员的行为都是与其家庭、与家庭其他成员互动的结果；个人问题可能是因家庭系统运转不良造成的，个人行为问题和心理困扰背后可能是整个家庭存在着的问题和困扰。正视和解决家庭系统中存在的问题，把整个家庭系统作为工作对象，从家庭整体的角度去理解个人。从对整个家庭关系的调整，达到对个人的辅导和治疗。

家庭治疗的目标和焦点是改变家庭内不良的互动结构和家庭成员间不良的互动方式，从而根本上解决个人的问题和家庭的问题；家庭治疗方法的关注点是家庭的结构是否合理、家庭成员之间的交往和沟通方式是否合适。家庭教育深受家庭内部关系的影响，在个案服务过程中，需要注重家庭此时的情况以及家庭成员间互动的实际过程，并着意引导家庭向积极方向改变；通过细致地观察家庭成员，有意识地引导家庭成员对某个问题进行交流和沟通，来了解家庭的真实情况和家庭成员间的互动模式。

（四）学校社会工作与家庭教育指导

学校社会工作的方法主要包括：个案工作、小组工作、学校综合性活动与咨询、社区性活动，通过多层次的工作手法，更有效、更广泛地满足青少年学生的需要。

1. 学校个案工作

学校个案工作以学校学生为对象，目的在于协助那些社会适应不良、行为失范和社会功能失调的学生个人，通过直接服务与治疗，增进其生存与发展的能力，解决学生学习和生活适应及人际关系和交往中的问题；同时，还主动开展对与学生成长关系密切的家长和老师的辅导和协调。学校个案工作作为学校社会工作的一个子系统和分支，在发达国家和地区已成为一项专业化的社会事业，已成为一门教育学与社会工作学等多学科交叉的学科。

2. 学校小组工作

小组工作可以说是学校社会工作中最常使用的一种手法，相对于学校个案工作的补救性而言，小组工作更具有发展性和预防性，而且活动内容非常广泛，能针对不同学生的发展需要开展不同的活动方式。因此，尽管小组工作的学生人数有明显的限制，但所需要的社会工作者人手却很多，而且一直是学校社会工作不可或缺的方法。

小组活动的内容丰富多彩，根据主题内容的不同，可以分为学生德育、培训、情绪、价值观、交友、成长等多种主题的小组活动，适合各种类型的中小学生参与；同时，部分活动还可以结合学校老师、家长及其他工作者共同参与，全力评价学生在学校、家庭以及社区等方面的表现与进展。而学校社会工作者作为中介人，在活动过程中紧密地联系学生、教师与家长，使学生能够获得更全面的发展。另外，还有一些专门针对学生家长开展的小组活动，如召开家长座谈会等。

3. 学校综合性活动与咨询

为使学校社会工作者服务能够更加广泛地提供给校内的每一位学生，学校社会工作者经常举办一些综合性的活动与咨询，由全班、全年级以至于全校学生共同参加，形式包括工作坊、讲座以及轮转场地等形式进行的体验活动，主题涉及学习、价值观、情绪、成长等内容。通过这类综合性活动的推行，让学生在1—2个小时的参与中，能够初步掌握一些正确有效的为人处事办法，获得一些有益的启示，以帮助他们更好地成长。

4. 社区性活动

除以上几种方法外，学校社会工作者还可组织一些学校之间的社区性活动，通过不同学校的共同参与，在一个较高的层面上传播积极、正面的信息，使学生在学习和生活方面有互相交流的机会，同时更希望能有效地推广社区教育工作，向在校学生宣传公民意识，增强他们对社会及社区的认识与关心程度。通过这些活动，潜移默化地增强学生对社会事务的认识，促使他们更进一步地关注和参与。

各领域的社会工作方兴未艾,能够把儿童社会工作、青少年社会工作、学校社会工作和家庭社会工作融会贯通的,应该是一种社会治理领域的真正以人为本、关怀儿童发展的生活方式和公共服务新形态,目前看来,当首推儿童友好社区的建设。1996 年,联合国儿童基金会发出了建设"儿童友好城市的倡议",截至 2019 年,全世界已经有数百个城市加入了儿童友好城市的行列。这几年,在地方政府和妇联的推动下,我国的一些城市如深圳也开始申请加入国际儿童友好城市,这是社会进步的体现。

一、儿童友好社区的内容

2020 年 1 月 13 日,中国社区发展协会根据国家标准化委员会、民政部《团体标准管理规定》和《中国社区发展协会团体标准制定程序及管理办法》规定,经中国社区发展协会标准工作委员会审查通过,发布 T/ZSX 3－2020《儿童友好社区建设规范》团体标准,标志着我国儿童友好社区工作进入一个新的阶段。近年来在社区治理创新的大背景之下，由政府牵头搭台、社会各界力量共同参与推动，形成了非常难得的良性生态，催生了无数社区营造专业机构和社区组织的诞生。这些机构和组织来自民间，非常有活力，在政府的引导下，为建设和谐社会发挥着积极作用。这正是儿童友好社区得以快速发展的助推器。我们可以从《儿童友好社区建设规范》来理解儿童友好社区的内容和蓝图。

"规范"内容选摘

4　制度建设

4.1　推动建立跨部门合作架构

4.1.1　在完善党委领导、政府负责、民主协商、社会协同、公众参与、法制保障、科技支撑的社会治理体系的过程中，开展儿童友好社区建设，使之成为社区建设工作的重要组成部分。

4.1.2　政府宜将儿童友好社区建设纳入当地经济社会发展规划，纳入当地社区建设工作考核指标。

4.1.3　建议建立由民政、教育、工信、公安、司法、财政、人社、住建、文化、卫生、体育等部门，以及青年团、妇联、科协、残联等群团组织共同参与的联席会议机制，儿童代表参与会议,并鼓励和支持儿童代表就与自身相关的事项发表意见。

4.2 提供财政支持

4.2.1 政府预算宜配备服务儿童的资金,如场地建设、孵化儿童社会服务机构、采购儿童友好相关社会工作服务等费用。

4.2.2 宜建立信息通报制度,对儿童友好社区建设资金进行公开。

4.3 建立儿童参与机制

社区宜对儿童参与社区服务作出制度性的安排,建立儿童参与社区治理与服务的体制机制,对其中涉及儿童空间建设及服务提供的,通过多种形式征求儿童和家长的意见等。

4.4 建立跟踪指导和反馈机制

建立儿童友好社区建设跟踪指导和反馈机制等。

5 文化建设

5.1 普及儿童友好理念

5.1.1 充分利用信息化技术和新媒体平台,进行儿童友好社区的理念传播和意见收集,鼓励儿童参与并提出反馈意见。

5.1.2 通过多种渠道在社区幼儿园、小学、中学传播儿童友好理念。

5.2 建立儿童友好关系

5.2.1 促进与同伴友好关系的培育与养成;鼓励同学或同伴之间相互友爱、互相帮助、互相关心,共同成长。

5.2.2 促进儿童与家长关系(亲子关系良好)、家长之间(相互支持、家长志愿者联盟)友好关系的培育与养成。

5.2.3 促进儿童与社区居民友好关系的培育与养成;社区居民具有儿童权利理念和儿童保护意识,关心和爱护儿童;积极参与社区儿童事务和服务等。

5.2.4 促进儿童与社区工作者、相关组织人员、幼儿园及学校老师、物业、辖区企业等友好关系的培育与养成;开展儿童友好社区建设的专业培训,运用社会工作的方法与儿童互动并服务儿童。

5.3 儿童友好文化建设

5.3.1 坚持以社会主义核心价值观引领儿童友好文化建设。

5.3.2 以多样化形式弘扬中华传统优秀文化。

5.3.3 优化城乡社区儿童友好文化资源配置，鼓励社会力量参与儿童友好文化建设。

5.3.4 家庭教育、家风建设、学生道德培养与儿童友好理念相结合。

5.3.5 健全支持开展儿童友好文化活动的机制，结合社区本土文化，开展儿童友好文化活动，形成"关爱儿童、幸福未来"的儿童友好社区文化氛围。

6 空间营造

6.1 空间营造基本要求

6.1.1 社区规划、社区环境改造、社区微更新中应充分考虑各年龄段儿童的空间需求，统筹布局与营造社区儿童活动空间，具体包括户外游戏空间、室内公共空间和街道空间。

6.1.2 社区儿童活动空间的布局应充分考虑各年龄段、各行为能力儿童活动特征，确保所有儿童的便捷可达性和安全性。

6.1.3 社区儿童活动空间内倡导提供符合儿童天性发展规律、能够发展儿童创造力的自然化游戏设施。

6.1.4 鼓励6周岁及以上儿童参与社区空间营造，可采用调查问卷、工作坊等形式，邀请儿童共同参与方案设计和问题研究,充分听取儿童的意见,并给予回应。

6.1.5 宜由城乡规划师、建筑师、景观设计师、社区工作者作为社区规划师协同儿童参与儿童友好社区设计,社区规划师宜接受过儿童友好理念的培训,或参加过国内外儿童友好项目或课题。

6.2 户外活动空间

6.2.1 应设置满足儿童需求的独立户外游戏空间。

6.2.2 各类户外游戏空间应布局在儿童活动安全的区域,应靠近社区儿童主要出行活动线路和节点,宜布局在公园或广场内;若毗邻城市干道,应采取相应的安全防护措施。

6.2.3 5分钟生活圈内,配有1处适合12周岁及以下儿童户外游戏场地,宜提供沙坑、浅水池、滑滑梯、微地形等设施,游戏设施和铺地宜采用自然化、软质、柔性耐磨的环保材料。

6.2.4 15分钟生活圈内,配有1处适合12周岁及以上儿童户外游戏场地,宜提供攀爬架、篮球场、足球场等设施,游戏设施和铺地宜采用自然化、软质、柔性耐磨的环保材料。

6.2.5 户外游戏空间设计应统筹考虑植物配置、标识系统和灯光照明等内容。

6.2.6 鼓励社区中小学内的校园、球场在非上学时间段内定时对外开放。

6.3 室内公共空间

6.3.1 每个社区宜至少设立1处儿童服务中心或儿童之家,每处应配备儿童专属的室内活动及游戏空间,面积宜大于20㎡;每周开放宜不少于4d,周末至少开放1d,每次开放不宜少于2h。

6.3.2 倡导提供社区四点半课堂、儿童图书室、儿童综合活动室等空间。

6.3.3 室内公共空间应配有适合不同年龄段儿童的桌椅、绘本图书、玩具、运动器材等设施,各类儿童活动物品的摆放安全、桌椅四周的安全围护、电源保护套等应定期检查。

6.3.4 社区服务中心应配置(社区公共设施宜配置)儿童与家长休息室、母婴室、母子洗手台和儿童马桶等设施。

6.3.5 室内游戏设施及物品应符合环保要求,严格保障室内公共空间空气质量,并定期检测。

6.4 其他空间

6.4.1 沿社区儿童主要上下学道路，设置独立步行路权的连续路径，串联社区儿童主要的活动空间和社区公共服务设施。

6.4.2 在社区校园周边开展慢行系统优化措施，保证儿童上下学的接送点、步行空间的交通安全，如专时通道。

6.4.3 在儿童上学路段两端，应设置注意儿童标志以及车速限速标志；在儿童横向过街入口，应设置减速慢行标识和减速带，交叉口信号灯的灯控时间应考虑儿童过街步速。

6.4.4 合理布局灯光照明设施，在保障夜间出行安全的同时，应考虑灯光高度和方向对儿童视线的影响。

7 服务提供

7.1 支持性服务

在儿童家庭结构完整的情况下，为儿童提供支持性的基础公共服务，增强其家庭的亲职功能，改善家庭功能，促进儿童的健康成长。服务宜包括但不限于：

——开展家庭教育的宣传和公益讲座；

——儿童服务中心（儿童之家）有普惠性的常态化儿童养育及家庭课堂支持服务项目开展；

——儿童社会服务机构通过政府购买服务或筹措社会资源为儿童与家庭开展支持服务；

——儿童服务志愿者与社区服务中心或社区儿童服务中心（儿童之家）、驻地企业、学校、医院合作，定期开展家庭教育指导和支持服务或主题活动。

7.2 保护性服务

当儿童在社区或家庭内遭受不正当对待（如虐待、疏忽等），导致身体、心理、社会、教育等权益受损时，开展以保护儿童为目的的服务项目。服务宜包括但不限于：

——针对在校园里受到欺凌的儿童，开展预防与个案干预服务；

——针对困境儿童，包括遭受身体虐待、性虐待、心理虐待等暴力侵害及照顾疏忽的儿童，建立相关保护制度，及时发现、强制报告、评估取证、家庭辅导、提起诉讼、案件审理、回访考察；

——建立社区儿童档案，进行动态管理，及时发现和监测困境儿童的状况，及时掌握高风险的外部环境因素以及自身风险行为的信息，并采取相关措施消减风险

因素,改变风险性行为;

——建立预警和举报制度。及时发现被拐卖、被忽视、遭受暴力侵害和被剥削的儿童,并进行适时恰当的转介和联动应对;

——为受伤害的儿童提供庇护和心理干预,提供咨询疏导服务。

7.3 补充性服务

当儿童处于的社会系统(例如学校、家庭)不能履行相关的职责,造成儿童受到一定程度伤害的时候,需要从社区系统注入资源,为其提供补充性服务。服务宜包括但不限于:

——针对困境儿童的特殊服务,包括困境家庭儿童的救助服务、残疾儿童的康复服务、行为偏差儿童的矫治服务、辍学儿童的就学援助服务项目等;

——针对家庭教育普惠服务中遇到的问题,进行家庭个案、家庭治疗等服务;

——在儿童教育机构内聘用社会工作者,开展学校社会工作服务。

7.4 替代性服务

当家庭照顾功能部分缺失时,针对儿童的实际需要,

在社区内安排适当的场所,为其提供部分照顾功能的服务。服务宜包括但不限于:

——在社区内为儿童提供日间照料中心,开展幼儿托育服务;

——为社区内遇到突发或紧急事故而缺乏父母照顾的儿童,提供即时短期的照顾服务。

7.5 发展性服务

7.5.1 针对0—3岁儿童,基于促进儿童早期综合发展的科学依据,开展家长教育和家庭科学养育指导、婴幼儿家庭照护及托育服务。

7.5.2 针对3—6岁儿童的体格发育、生活态度、行为习惯、语言发展、认知与学习、社会心理及情感发展等方面的综合培育支持,向家长提供和谐亲子关系及亲职教育的服务。

7.5.3 针对6—12岁儿童的安全教育、生活习惯、学习习惯、运动习惯、道德素养、社会实践、艺术素养以及家庭教育等提供支持服务。

7.5.4 针对12—18岁儿童的青春期常见问题、人生观梳理、社会实践、生活技能、生命教育等综合素养提升提供支持服务。

儿童友好社区的建设与家庭教育天然紧密，不可分割。对儿童的服务提供，支持性服务、保护性服务、补充性服务和发展性服务更是与家庭教育功能直接吻合。

二、儿童友好社区内涵建设与家庭教育指导

儿童友好社区建设的内容已经蓝图画就，制度、财政、空间营造、地方政府考核等都是儿童友好社区建设的基础、保障和环境；就儿童个体的发展而言，儿童友好社区的"服务提供"和"文化建设"是内涵。从全国各地的试点工作来看，儿童友好社区内涵建设是做好这项事业的关键。内涵建设急需家庭教育指导人才。

▶ 案例2-4

等米下锅的居委

某居委新书记上任，花了不少心思和财力，把一处配套用房腾出来，完成了硬装，设想建设一个社区的家庭教育学习园地。邀请来的社会组织针对性设计了共享书房的儿童友好社区项目，需要资金进行内部软装。街镇相关配套基金项目没有给予支持，共享书房软装没有落实，同时该社会组织申请的民政购买服务项目周期即将到期，项目尚无法落地实施，只能变更和放弃该项

目的实施。第二年,居委只能把这个场所的大部分移交给社区老年朋友作为活动场地,留下仅有的一半改为阅览室,期望社会组织可以帮助建立儿童阅读空间。最终,连指导儿童阅读的老师也没有找到(主要是劳动报酬谈不拢)。至今,三年过去了,当时的新书记已经调任到别的居委。该居委的这件事情就此搁置、消散。

社会组织要生存,不可能无偿帮助居委建设共享书房,民政购买社会服务需要有据可查、按照实际工作支付项目款,居委只有场地没有人才,居民没有付费的意愿,甚至即便愿意付费,也不能让居委配套用房作为收费依据。儿童友好社区的营造有没有社区有偿服务的角色和功能——这是一个很重要的问题。在这个问题之外,儿童友好社区的建设是谁的责任? 谁来牵头建设? 是居委吗?

按照《儿童友好社区建设规范》文件所示,建立儿童友好社区跨部门合作组织架构,应包括但不限于以下内容:街道/镇政府书记/主任、镇长牵头组织"儿童友好社区建设",使之成为社区建设工作的重要组成部分;街道/镇政府将儿童友好社区建设纳入街道/镇发展规划,并纳入社区建设工作考核指标;由民政、卫计委、教育、公安等部门,以及妇联、残联等群团机构共同参与。

有一点可以肯定,就某一项具体服务或者建设来说,牵头人就是那个出钱的人。案例中,这个居委只能提供场地,算是半个牵头人;居民只能提供项目活动经费,也是半个牵头人;社会组织只是个执行人,没有决策权力。但是,就事件性质来说,这个社会组织才是共享书房的真正牵头人和决策者。当这个社会组织愿意投资创办这个共享书房的时候,它是需要向"消费者"收费的。这就回到了问题的原点——在儿童友好社区的建设中,有没有市场经济的存在?家庭教育指导有没有有偿服务的存在?如果有,它与政府行为之间的边界在哪里?如何管理这个边界关系?

案例2-5

勉为其难的书店

小艾是一家书店的经理,书店坐落于闹中取静的地方。现在经营书店不能只靠门店卖书。小艾与朋友合作,她提供场所,朋友承接妇联家庭教育指导项目"亲子阅读"。他们邀约家长来书店参加亲子阅读沙龙,大半年的时间里,每周一次的频率已经蛮高,大家也很忙。家长们来了一批走一批,有几位是常客,小艾自己的朋友和合作伙伴的朋友成了核心客户。

拍照片、写消息、做台账……看见合作朋友那么辛苦，那么忙，小艾也很体谅对方。等到项目结束后算算，大家都没挣到钱；几笔最大的开销给了每一期的特邀嘉宾（没有大咖来坐镇，家长们热情不高），其余大家各自拿一点劳务费。对于书店来说，除了增加点人气和麻烦，并没有因此而多卖出去书，也没有收场地费。投资人问小艾：这样做合算吗？可不可以我们自己做点延伸服务，收点费用？

　　小艾有意愿试一试，又有点害怕——如果我们收费，家长们会参加吗？如果也向妇联申请项目，但听说一个项目就这么一点经费，不可能分给两家做，而且变成和朋友抢项目了。于是，书店读书会成了鸡肋事件。

　　这确实有点勉为其难，实体书店的经营风险已经摆在面前，需要有创新的经营模式和服务内容来有所突破。很多人像小艾一样，想到了诸如读书会这种与消费者增加互动的体验式消费，但一方面受到人才瓶颈的制约，另一方面，没有规模就没有经济效益。作为一家企业，首先要能够盈利，可持续发展。知识付费的时代已经到来，但是要变成你经济活动的重要一环，可能还需要一长段时间。关键是，你是那个别人愿意付你钱的知识拥有者吗？

家庭教育指导的需求空间在于家庭在教育孩子方面碰到自己不能明白、不能解决的问题，才会购买服务，用以解决他们的问题。从社会工作行业角度来说，政府（比如妇联）购买的家庭教育指导服务，是引领性的服务，其规模和服务覆盖人群是有限的。绝大部分是科学家庭教育知识的普及宣教，不是解决问题的个案或小组服务。如何把社会工作方法运用到家庭教育指导服务的各个层面，对家庭教育指导工作人员来说，是一件很重要的事情，是一项很重要的本领。

案例2-6

老金的会客厅

老金是一名有心理学基础的企业教练，在这么多年做企业教练课程导师的过程中，逐渐积累了一批企业主和高层管理人员客户。最近，老金尝试运用心理疏导和企业教练技术，推出一个称之为"会客厅"的社交圈，用深度汇谈的方式，帮助参加会客厅活动的家长们互相探讨，解决自己家庭的教育问题。收费还不便宜。

老金在一年里做了四期，每一期二十来个家长，目前看来比较成功，具有可持续性。而且他的工作场所就在自己家里——他把一套居住房作为个人工作室在使用。

老金的探索有一个重要的优势，就是他自己的问题解决方式和提供解决问题建议的能力，以及在其他项目上的客户积累。这个小小的成功收费有可持续发展前途的案例，说明了儿童友好社区的建设，可以有像老金这样的服务样态存在。那么，家庭教育指导服务可以与儿童友好社区建设形成比较宽的衔接面，这需要实践探索。

今天是老金，明天可能出来一个老李；今天是书店，明天可能是个茶厅；今天是个政府购买的服务项目，明天可能是个家长愿意付费的知识付费服务产品。一切都有可能，关键在于人才。

儿童友好社区建设中，家庭教育指导工作大有可为。

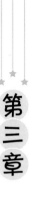

第三章

心理服务护航家庭教育

近年来，我国加大了心理健康和社会心理领域的工作部署。教育部自 2004 年印发《中等职业学校学生心理健康教育指导纲要》以来，先后又印发了《普通高等学校学生心理健康教育工作基本建设标准（试行）》《普通高等学校学生心理健康教育课程教学基本要求》《中小学心理健康教育指导纲要（2012 年修订）》，其后又有大大小小的文件作补充和修缮，在教育系统中全面部署了心理健康相关的工作。这些文件的出台，推动了全社会特别是未成年学生群体的心理健康服务工作的开展。心理服务体系的建设如此重要，那究竟什么是心理服务体系呢？

心理服务体系应当作为一个范畴性概念来理解。它的重点是服务，核心是心理，落脚点是体系。

服务，它强调的是该项工作的出发点，试图通过发挥心理学的应用价值，为构建和谐社会提供帮助。从服务的对象上，未成年人心理服务的对象自然是需要提供心理咨询服务的儿童和青少年；从服务的类型上，可以分为家庭心理

125

服务机构、学校心理服务机构、社会心理服务机构等；从服务的方式上，可以分为免费服务与有偿服务；从服务的内容上，可以分为常规心理服务与应激心理服务（自然灾害、重大事件的心理援助）；从服务的载体上，可以分为线上与线下（网络与面对面心理服务）、网络与现实等方面。

心理，它说明的是该项工作的指向性色彩，如解决问题的方式方法以及分析理解问题的角度。未成年人心理服务的指向是未成年人心理的变化与发展，是其心理状态的优化与心理素质的提高。心理服务体系涵盖认知、情绪与情感、人格与行为等多个方面。心理服务的方法包括心理疏导、心理治疗、心理引导、心理防控、心理教育等。

体系，它指的是该项工作的目标期待、工作成效。一般而言，体系是一个系统，是实现心理服务的方式方法、途径策略等的有机组合。心理服务的顺利开展必须依赖一个完整严密的系统，不管是自上而下还是自下而上的梳理，心理服务的形式和内容都存在于不同的方面，它们构成了一个有机统一的整体。因此心理服务体系是一个包含了目标体系、内容体系、方法体系和自我评价与监督体系的范畴性概念。所以，从层次上来讲，未成年人心理服务体系经历了低层次的心理关爱、心理疏导、心理咨询到高层次的心理诊断、心理治疗等不同内容；从维度上讲，未成年人心理服务体系可以是针对个体与群体的,也可以是针对正常人群与异常人群的;还可以是家庭、学校以及社会性的;按照领域来划分,可分为学生心理服务、社区心理服务、学校心理服务、心理危机干预等。

　　社会心理服务的初衷是为了社会治理的现代化和服务于和谐社会建设,而未成年人心理服务体系就是社会心理服务体系的一个分支,对于社会心理服务的内涵,学界存在各种各样的观点。有学者认为,社会心理服务是通过大力建设心理健康服务体系来促进心理学知识和原理在社会治理中的运用,从而提升广大人民群众的获得感、幸福感、满足感(常红岩,2018);有学者认为,社会心理服务不仅仅是一个可以提供心理健康服务的公共服务,还应该包括促进相关共同体认同的建构的功能(吕小康、汪新建,2018);还有学者从社会心理服务体系的定位入手,认为社会心理服务应该是一个立足于国家层面的运用心理学手段来解决宏观社会心理问题的体系(辛自强,2018)。而未成年人心理服务体系的内涵则是依附在这个宏观大背景,更加聚焦在未成年人这一特殊群体上,其核心目的在于解决未成年的心理问题,提升未成年人的心理健康水平,使得未成年人群体更加幸福美好地成长。因此,对于未成年人心理服务的定位,首先需要明确的是,这是立足于国家治理层面的服务,是为了解决更加宏观的社会心理问题所提供的服务,其服务的对象是未成年人;其次,服务的方式是借助心理学的知识和手段,突出心理学的独特色彩;再次,服务的直接目标是培育良好健康的心态,服务的最终目标是促进正确的价值观融入到未成年人群体当中。

上海市教育委员会积极响应国家号召,不仅在各个高校与中小学建立心理健康咨询中心,还成立了汇集各个心理学名师资源的"上海市学校心理健康教育名师工作室",各区也纷纷展开各自的心理服务建设,建立了每个区的未成年人心理健康辅导中心并且设立相应的 24 小时服务电话。

一、上海市区县中小学心理健康教育中心

在完成上海市高校试点工作后,上海市教育委员会马不停蹄对市里各个区县的中小学心理健康教育中心(以下亦称"中心")的建设作出了相应的规划,中小学心理健康中心相对于高校而言减少了对学生的咨询部分,将关注点更多地转移到学生心理健康的指导和干预上。在上海市教育委员会颁布的《上海市教育委员会关于加强区县中小学心理健康教育中心建设的意见》中,对当前中小学心理健康教育中心建设的要求和重点有相当详细的描述。

（一）心理健康教育中心的建设目标

每一个心理健康教育中心的建立都需要坚持"为了每一个学生的终身发展"的核心理念，并且不断加强中心各个层面的推进和建设，包括基础设施建设、实际的制度建设以及专业的队伍建设，努力使中心在专业指导、培训、研究和综合服务能力等方面有所提升。

（二）心理健康教育中心的职能定位

心理健康教育中心是上海市区县组织和实施心理健康教育的专门场所，面向学校、家庭和社会开放，并为其所在区县的中小学校和中等职业学校的心理辅导和教育开展提供相应的指导和服务。其主要功能包括指导、培训、服务、研究。

（1）对课程建设和心理辅导教师队伍培养等方面给予专业指导。

（2）对所在区县内的心理健康教育专兼职教师和班主任等相关人员进行有计划、有步骤的心理健康教育专题培训。

（3）向学校、家庭、社会开放。为学校提供专业培训和相关资源；为教师、家长和社区提供专业指导和心理咨询服务；为学生提供心理发展、预防、干预、转介等专业服务。

（4）承担区域性学校心理健康教育工作调研和课题研

究,总结、提炼区域和学校的心理健康教育工作的优秀经验及成果。

（三）心理健康教育中心的建设原则

第一,坚持指导与服务、研究相结合。将指导区域学校心理健康教育工作和为学校、家庭、社会提供专业服务,开展心理健康教育专题研究相结合。在提升学校心理健康教育水平的同时,不断破解心理健康教育的难点和瓶颈问题。

第二,坚持发展与预防、矫治相结合。既要着眼于每个学生心理健康水平的提升,又要加强对个别有严重心理障碍和心理偏差学生的危机干预与转介工作。

第三,坚持专职人员与兼职队伍建设相结合。在加强中心专职人员的选聘配备、培养培训、管理考核的同时,加强心理健康教育志愿者队伍、专家队伍的建设,充分发挥他们在区域心理健康教育工作中的作用。

（四）心理健康教育中心的建设要求

建设要求并不只是在外部的设施和硬件层面,同时也包括对于服务人员、服务目标的要求。

1. 设施配置标准

中心一般需要设立教师培训区（兼心理探究区）、心理测评区、沙盘游戏区、心理放松区、情绪宣泄区、个别咨询区、教师办公区、接待区（兼阅览区）和会议室 9 大区域。总建筑面积一般不少于 180 平方米。当然每个中心也可结合自身心理辅导工作的实际需要进行调整,中心各功能区域也可以相互兼容。

（1）教师培训区（兼心理探究区）。这是开展教师培训、团体心理辅导活动、心理讲座、心理交流沙龙的必备场所,同时也是开展区域性调研和课题研究工作的场所。教师培训区的面积一般不小于 70 平方米。

（2）心理测评区。主要具有四大功能：一是开展心理测评工作,对学生心理情况进行普查,建立完整的心理档案;二是甄别部分可能存在问题的学生,为其提供相应的帮助;三是为个体心理咨询提供依据,以开展切实有效的辅导;四是开展量表使用和测量的培训,主要是针对心理辅导中心的老师和中小学的心理老师。心理测评区的面积一般不小于 15 平方米。

（3）沙盘游戏区。运用沙盘这一非语言性沟通工具,引导学生进行自我认知调节,引发学生培养自愈之力,开发学生创造潜能。此外,在沙盘游戏区还可开展沙盘游戏治疗培训。沙盘游戏区的面积不小于 15 平方米。

（4）心理放松区。通过音乐放松训练、生物反馈训练,帮助学生放松心情、缓解疲劳,消除紧张、焦虑、抑郁等负面情绪;也可作为心理干预的效果评估手段。心理放松区的面积一般不小于 8 平方米。

(5) 情绪宣泄区。提供一个安全可控的环境,通过击打、涂鸦、运动等方式来转移心理能量,让学生宣泄心中不良情绪,调节心理平衡。情绪宣泄区的面积一般不小于 10 平方米,让学生有充分的空间疏导和放松。

(6) 个别咨询区 2—3 个。与来访者进行深入交流,帮助疏导心理困扰,提供科学有效的咨询和辅导;既适用于开展个别咨询,必要时,也可进行家庭治疗或小团体咨询。个别咨询室应单独建室,其面积一般不小于 8 平方米。

(7) 教师办公区。教师日常办公值班之用,存放相关心理档案资料。教师办公区的面积一般不小于 20 平方米,可供 1—6 名心理教师办公。

(8) 接待区(兼心理阅读区)。接待学生、老师、家长,或其他来访人员,调整咨询前心态;可放置心理健康相关读物,供等候者阅览。接待区的面积一般不小于 20 平方米,可供 10 人左右同时等候和阅读。

(9) 会议室(可用中心所在地的会议室)。会议室的功能主要包括举办专家活动、各类会议等。会议室面积一般不小于 20 平方米。

2. 人员配备

中心设两种人员类型:专职负责人和相关人员。专职人员除了需要具有心理学或教育学或医学专业本科及以上学历外,还必须获得上海市学校心理咨询师证书。我们可以面向社会聘请具有上海市学校心理咨询师证书或国家心理咨询师证书的人员组成志愿者队伍。当然也需要充分依托医院、区县精神卫生中心、心理咨询机构等社会专业机构的力量,为广大教师、学生和家长提供心理、家庭教育咨询等专业支持,提高心理服务的质量。

3. 工作规范

(1)制定工作章程。中心应制订相应的工作章程,包括职业规范、道德准则、各项工作制度、工作流程等,规范中心的各项工作运行。

(2)加强业务档案管理。做好指导、培训、服务、研究等过程性的档案资料收集管理,建立中心档案资源库。要加强对学生、教师、家长心理辅导的个案保管,逐步形成心理危机干预与预防案例库,同时注意保护个人隐私。

(五)保障措施

各区县需成立相关工作领导小组,加强对区域心理健康教育工作的统筹规划和定期研究,推动心理健康教育各项工作的有效落实。要充分依托高校、专业协会、科研机构等专家力量,组建专家顾问组,加强对中心工作的指导。要设立中心建设和日常运作的专项经费,并纳入财政预算,保障中心有效运行。区县中心接受上海市学生心理健康教育发展中心的业务指导。

如果单单依赖政府对未成年人心理健康中心的大力建设而脱离开了家庭教育,这便是捡了芝麻丢了西瓜。对于未成年人心理健康的各项指导、教育和干预,若是没有家庭以及各位家长的鼎力相助也会独木难支,难以形成一个良好的完整体系。因此,家校联系,甚至可以说家庭和社会的联系,在未成年人心理健康中也承载着非常重要的功能。

二、未成年人心理健康辅导中心建设与家校合作

上海市政府和市教委对于未成年人心理健康建设的大力支持为我们的年轻一代提供了良好的硬件基础。那么如何让硬件设备协调、有序地运转,那必然需要我们的软件进行规划指导,政府文件、社会风气自然是其中一环,但更为重要的,是未成年人几乎时时刻刻都在受其影响的家庭教育。

◉ **案例3-1**

家长,学校,谁之过?

当前的教育环境下,我们常常会遇到这样一些问题。

家长的独白:"我真的非常想要了解学校的情况,想

要知道我的孩子在什么样的环境、什么样的氛围下学习成长，可是我觉得非常困难。""我最害怕的就是学校要开家长会，孩子的一些错误、不好的成绩都要当着所有家长的面展示出来，因为孩子的顽皮和粗心，成绩不是很好，每次公布排名都好像我受到了指责。""现在的老师呀，比我的老板还要凶，只要孩子有点风吹草动，就要批评，就要叫家长，别说孩子怕她，连我都要怕她了。"

老师的无奈："家长总是以为把孩子送到学校就好了，什么都不用管，成绩上不去或者心理出现什么问题就找老师发难，你们就只有一个孩子，我这个班上可有三四十个孩子呢。""现在的一些家长真的非常急躁，每次一聊孩子的心理健康建设，他们就抱怨你是老师管好孩子的成绩才是你要做的，我们的孩子心理情况我们自己清楚。"

从老师和家长的不同视角来看，大家的想法都是想给孩子一个更好的成长环境，希望能够彼此互相理解，将每个孩子都培养成心智成熟、心理健康的栋梁之材，可是因为缺乏沟通和交流，这个本来美好的愿望却带来意想不到的结果，因此家校合作的必要性和迫切性不言而喻。

家校合作是指在具体教学过程当中，学生家庭和学校相互配合,凝聚家长和学校双方之力,全面加强对学生的教育工作。家校合作心理健康教育的内容主要分为两个方面,一是学校和家庭对学生共同负起的心理健康教育内容,二是学校对家长心理健康教育内容的普及。

家校合作的价值主要体现在三个方面。

第一,预防的价值。家校合作能够有效预防孩子在少年儿童期可能遇到的各种不利于成长的信息和各种亚文化中的不良影响,有利于儿童健康成长。

第二,治疗与补救的价值。家校之间密切有效的合作,能够尽早消除儿童在学业、品德和情感等方面发展不良的问题,能够积极有效地解决孩子的问题,弥补教育中出现的一些不良方面。

第三,发展的价值。主要体现在三个方面:孩子,特别是刚入学的孩子能够顺利度过入学初的阶段,顺利开始学校生活;家长借助教师的专业辅导,增加自己教育孩子的知识和技巧,成为有效能的家长;学校通过与家长的及时沟通,可以增加对每个孩子的了解,增进教师的教学信心和职业胜任感。

家校合作可以使双方的教育方法相互弥补,学校可以借鉴家庭灵活多样的教育方法,促进教育方法的改革;家庭教育在学校教育的指导下,采取科学的教育方法。家校通过密切合作,保证了教育方法、教育措施的有效性和科学性,大大促进了青少年社会化的效果。家校合作还有利于教育时空的衔接,为青少年社会化创造健康的环境。家校合作形成的家庭教育和学校教育优势互补的教育效应,有利于为受教育者提供一个更系统、更有效、更具信息量和针对性的教育环境。

但为什么许多家校合作并没有达到我们的预期,反而呈现出了让家校双方压力更大的结局呢?英国北爱尔兰大学教授摩根等人提出了家校合作的层次理论,家长在参与学校教育的过程中,家校合作展现了三个层次的合作:一是低层次的参与合作,这个层次的家校合作方式有家长访问学校,参加家长会、开放日、学生作业展览等活动,另外还有家长联系簿、家长小报、家庭通讯等;二是高层次的参与合作,这种层次的合作方式有经常性的家访,家长参与课堂教学和课外活动,帮助制作教具,为学校募集资金等;三是正式组织上的合作,如家长咨询委员会,家长正式参与学校的决策等。不同层次的家校合作中,教师和家长的地位各不相同,在低层次的家校合作中,家长与教师往往处于不平等的地位,教师成为合作教育中的组织管理者和指导者,而家长只是处于被动接受者的地位。这种低层次的合作在生活中也不胜枚举,因此也就呈现出了合作不如不合作的现象。同时,符号互动理论也认为,一方的反应取决于另一方所说所做的程度,相互依赖则成为互动的中心。平等是合作的基础,如果合作的一方总是领导、支配另一方,这种合作在本质上是一种伪合作。

根据上述理论,我们需要摒弃那些表面功夫的低层次合作,思考如何将合作向更高效、更高层次上开展。美国著名专家范德格里夫特和格林提出,形成高层次合作的重要因素之一是内在的积极态度。平等的教师和家长地位有利于高层次的家校合作,也有利于教师和家长互相尊重与合作气氛的形成。在当前的家校合作中,由于教师是学校教育体制中人士,有组织作保证和支撑,而家长常常是处于体制之外,很难得知一些相关的教育知识和训练,因此我们的未成年人心理健康体系便可在此处大展拳脚,提升家长整体的素质。

> **案例 3—2**
>
> ### 教育无小事,中心帮大忙
>
> 由于学校安排在初一进行分班,小颜同学被安排到了王老师的班上。分班后的前三次测试,小颜的成绩一直不太理想,都处于班级倒数三名,而且更重要的问题是,小颜做事总是很拖沓,作业、试卷几乎都来不及写完,

上课也常常跟不上进度。

　　为此，王老师推荐小颜的父母去区未成年人心理健康辅导中心。小颜的父母表现得跟大多数孩子的家长一样：对孩子的成绩很紧张，经常对孩子说教，但却从来没有给孩子定好规矩，每次说说也就算了。这样的家长非常普遍，他们往往因为没有正确的教育方法而感到对孩子的教育无从入手，也因为精力有限没有办法贯彻自己对孩子实施的教育，使得教育变得事倍功半，也无法在孩子面前树立好榜样，建立自己的威信。

　　区未成年人心理健康辅导中心的朱老师首先安抚了两位家长的情绪，并且耐心地对自己的工作作出解释，通过倾听小颜妈妈对孩子平时在家学习情况的诉说，了解到小颜在家仅仅是做书面作业就能写到半夜，还不包括老师布置的口头和背诵作业。一个普通学生8点就能完成的作业量，小颜常常要到11点甚至12点才能完成，因此导致他的睡眠时间得不到保障，第二天的课堂听课效果也就大打折扣。了解了小颜在家的大致情况，朱老师思索一番后，帮助小颜父母分析了当前的情况：小颜当前最大的问题就是慢，毫无时间观念。因此她向小颜的父母提出建议，要求小颜自己规划好时间,哪个时间段完成哪项作业,在目标时间内完成就可以获得自由活动的时间,如果超出了规定的时间,也不可以再继续做下去,没写就是没写。正如前面所说,小颜父母真正的问题在于重说教却不愿意真正狠下心来进行管教,他们的妥协和心软只会一次次在孩子面前失信,让孩子觉得拖沓也无所谓,从而导致孩子一系列的问题。

最终小颜父母接受了区未成年人心理健康辅导中心朱老师的建议,回家制订了更加合理的养育计划,不再妥协。过了一段时间,小颜的做事拖拉有了明显的好转,成绩也慢慢赶上来了……

这样的例子在我们的生活中其实相当多。家长想教教不来,无从下手,也不知道自己孩子的问题根源到底在哪里,只是觉得孩子成绩差提不上分,却不知这是自己在家庭教育中的疏忽和孩子的一些心理问题导致的。在未成年人心理健康辅导中心专业教师的帮助下,家长得以转变对心理健康和自己教育方式的认识。出与对现行教育制度的误解,许多家长越来越重视孩子的考试成绩,而不重视孩子的品格、兴趣、社交等状况。学生健康心理的形成需要学校和家庭的长期投入,因此,专业教师可以向家长进行观念宣传,帮助其建立家庭心理健康教育阵地；同时当家长发现自己在家庭教育中迷失方向、有心无力时，也可以及时联系校方或所在区县的未成年人心理健康辅导中心，寻求专业人士的意见和帮助。

当青少年和家长遇到心理困惑时，可向以下渠道求助：

（1）12355 青春在线网络及电话服务（为广大青少年、青少年家长和青年白领提供有关心理、法律、亲子教育、成长发展、紧急求助的咨询服务，工作日 13：00—17：00 和 19：00—21：00，双休日 10：00—12：00 和 13：00—17：00）；微信小程序"12355 青小聊"（专家在线时间 9：00—23：00，其余时间可打 12355 进行电话留言）。

（2）妇女儿童心理热线 021 - 54892515，周一、三、五 16：30—21：00。

（3）上海市心理援助公益热线 12320（服务时间：周一、三、五、日 8：00—22：00，周二、四、六 全天 24 小时）。

序号	名称	地址	热线电话
1	黄浦区未成年人心理健康辅导中心	斜土路 885 号综合楼 7 楼	63036588（24 小时）
2	徐汇区未成年人心理健康辅导中心	漕东支路 95 号 5 楼	64642525（24 小时）
3	静安区中小学生心理健康教育发展中心	余姚路 139 号 4 楼	52392751（24 小时）

序号	名称	地址	热线电话
4	普陀区中小学心理健康教育中心	岚皋路 75 号 A100 室	4009209087(24 小时)
5	长宁区未成年人心理健康辅导中心	华山路 1682 号	62252525(24 小时)
6	虹口区中小学生心理健康教育研究中心	水电路 839 号辅楼一楼	65160361(24 小时)
7	杨浦区未成年人心理健康辅导中心	抚顺路 340 号致和楼 4 楼	4008209856(24 小时)
8	浦东新区青少年心理健康教育发展中心	浦三路 385 号 1 楼	4008206235(24 小时)
9	闵行区中小学心理健康教育发展中心	紫龙路 835 号	54333867(24 小时)
10	嘉定区未成年人心理健康辅导中心	嘉行公路 601 号 B212 室	4008205081(24 小时)
11	宝山区学校心理健康教育发展中心	宝林路 29 号	4008200535(24 小时)
12	奉贤区中小学心理健康教育指导中心	南桥镇菜场路 1132 号	4009208761(24 小时)
13	金山区未成年人心理健康辅导中心	石化新城路 307 号 2 楼	37215885（9：00—15：30)
14	松江区学生心理健康教育中心	仓汇路 336 号	67725123（9：00—17：00) 4009200525 （17：00—9：00)
15	青浦区学生心理发展辅导中心	青湖路 459 号	4001600525(24 小时)
16	崇明县未成年人心理健康辅导中心	城桥镇北门路 58 号	59620120

　　绝大部分家庭教育中遇到的问题，是正常人的情绪困惑和发展困扰问题，需要一种与之匹配的心理疏导服务。"狭义心理疏导"自 2015 年问世以来，已经在诸多领域发挥作用。这种非治疗性的心理技术降低了专业度的门槛，令更多人有机会学习，同时又增加了实践性，使其实用性大大增强。

　　我们先来看一个案例。

案例 3-3

　　小敏，男，七年级。在上海某重点中学就读。最近一段时间，他在学校里表现出一些过激的行为。比如，情绪激动，做数学练习接连遇到难题就怪自己"无能"，一气之下，把练习本撕碎。该出去上体育课了，小敏依然生气，罚自己一个人留在教室里"思过"。老师和同学劝也没用。有时个别同学随口一句话，就能把他惹毛了。这些"异常"举动，引起了大家的注意。某些同学因此"嫌弃"他，跟他保持距离，个别调皮些的同学因此嘲笑小敏。小敏感觉被孤立,情绪反应更加强烈。这也引起了学校的重视,老师和家长与其多次沟通,但未见显著效果。这天上午,小敏特别激动,拿起圆规说要去刺某女同学的喉咙,行动时被制止了。学校知晓此事,要求家长将小敏带回家。

据了解,之前家长已经请求相关心理专业人员帮助,甚至想带去心理科就诊,但小敏一概排斥,难以沟通。

家长很着急,请求资深心理疏导师帮助。

疏导师采用了上门疏导的方式。第一次,与小敏建立了初步信任后,做了些简单的交流,小敏愿意把自己写的诗给疏导师看。

第二次,孩子愿意跟着家长来接受心理疏导。疏导时,发现孩子喜欢玩心理沙盘,但不是专业心理沙盘的应用方式,而是按照他喜欢的方式。疏导师允许他自定义玩心理沙盘,只见他自编自导一个场景,有声有色,结束了一个场景,再来一个……疏导师只是在边上陪伴他,并跟他进行自然的交流。在小敏自定义玩心理沙盘的过程中,心里积压已久的负面情绪开始逐步释放,小敏似乎找到了方向,更愿意跟疏导师沟通了。

同时，疏导师也和家长进行了沟通。待家长倾诉后，疏导师进一步了解来龙去脉，指出他们的盲点和需要改善的地方。家长很重视，愿意"痛改前非"。疏导师引导家长制订了行动计划。

转机就这样开始了。

接下来，每周或每两周一次，孩子会定期过来"疏泄"。他可以回学校读书了。但事情并不是那么顺利，出现了反复。

那天，孩子因月考时感觉题目难而发脾气，扔掉了卷子，还罚自己不吃午饭，下午一个人站在教室外面淋雨，不听劝。显然，因为前期他的状态不佳，导致成绩暂时下降，这是情理之中，不过，小敏显然没有心理准备。

学校看到小敏的状态反复，建议转学。

对于孩子的反复，父亲表示"很累"，有点失去信心。父亲的表现也显示出着急、耐心不足。母亲的心态相对稳定一些。

疏导师聆听了小敏的倾诉，梳理了他的认知：事情的发展总会有个过程，很多事情即使你做对了，往往也不是立竿见影的。还发现父亲对孩子从小就严厉管教，对孩子的一举一动都进行严格管控，孩子有些个性化的东西也严格制止。比如，用手扯衣角这些小动作。家长认为，这些小动作、小习惯有损形象。父亲不仅仅制止，而且是严厉制止。孩子常常无所适从，无力反抗。不满、愤怒、失落等负面情绪压抑在内心深处，并不断堆积。

对此，疏导师做了疏导，让家长意识到需要尊重孩子、接纳孩子、欣赏孩子。

孩子的压力渐渐减少，并有了疏泄口。于是，孩子的状态渐渐回升，激烈情绪的程度和频率都有了改善。父亲的状态也稳定了很多。

半年后，小敏的自信心明显增强，跟同学们的相处也恢复如初，甚至有了进步，成绩也由惯性下降后开始逐步提升。最近的一次期末考，远远超过了小敏进这所学校以来最好的成绩排名。全家都很开心，小敏找回了自信。学校也安心了。小敏的家长也做好了预防——每隔一两个月接受一次心理疏导，作为对孩子的奖励、支持、引导。

目前，孩子的状态稳定，虽然也会发脾气，但这属于个性问题，是大家可以接受的那种状态了。小敏的父母终于可以安心了。

这个案例就采用了非治疗性的心理疏导技术。我们一起来了解一下心理疏导是如何在家庭教育中发挥作用的。

一、心理疏导概述

（一）心理疏导的含义

心理疏导是一种通过言语的沟通技巧进行"梳理、泄压、引导"，改变个体的自我认知，从而提高其行为能力和改善自我发展的心理疏泄和引导方法。

心理疏导的基本观点是：心理学各流派不同方向的研究，都揭示出"自我"在成长的过程中，不经意发展出了一套属于自己的思维模式和防御机制，并依此与环境互动。假如个体有机会观察到"自我"如何限制了自己的成长，就会愿意作出新的选择以提高自我适应环境的能力。这就好比人们在成长过程中，为了适应环境，给自己做了一套盔甲；现在这套盔甲越来越重，并限制了我们的自由，却又不敢放下，甚至不知道是盔甲限制了我们的自由，而怪罪于环境。

心理疏导或许无法让个体放弃生命的盔甲，却可以帮助个体把笨重的盔甲换成更贴身的黄金软甲，甚至能轻松切换——用时穿上，不用即放下——从而大大提高自由选择和行为能力，接近"自由"的境界。

案例中小敏的父亲是做管教人的工作的，而且在社会上有一定权威。"别让孩子输在起跑线上""成功在于细节""从小就要严格管教""精益求精",这些信念成为他人生经验的重要组成部分,在不知不觉中,也成了他盔甲的一部分。这套盔甲在某种状态下或许很有用,但他将这套盔甲一刀切地应用于教育孩子,那就未必有用了。他认为好的,常常反过来阻碍了孩子的成长。只有当他对这套盔甲能穿能放,用心感受孩子,在与孩子的互动中,选择恰当的方式,才能更好地与孩子沟通,更好地教育孩子。

心理疏导通常包含三个环节。

一是梳理。这是对受助者的"行为-情感-认知"的追溯,发现其"错误认知"和"错误模式"。案例中,通过梳理,了解到父亲的认知是有偏差的。"严格、注重细节、精益求精",这些都是要看具体情况的,不能一刀切。因为这方面的认知偏差,导致父亲和孩子在沟通中持续出现了冲突,渐渐地,孩子的内心冲突不断堆积,有一天就爆发出来,反映在行为上了。

二是泄压。帮助受助者从"错误认知、错误模式"的压力中"解放"出来。父亲意识到自己的压力主要来源于自己的错误认知,或者说"认知局限"。对这些局限需要加以拓展。比如,将"这些习惯不好,从小养成以后就很难改了"拓展成"这些习惯不一定不好,只是一个特点。而且,说不定以后会自动改变或消失";"这是个不当表现"拓展成"这些所谓不当表现或许是孩子自我调整的一种方式";"严厉才能有效"拓展成"要改进不一定非得严厉。有时温柔更能让人接受。如果严厉是必要的,也需要看时机"。父亲意识到自己的局限,就不再那么固守自己的信念,自己的盔甲开始松动,压力源的力量开始消退,压力自然降低。之前堆积的压力,可以通过倾诉、跑步、与孩子交流等方式释放。

具体方式,可以跟家长沟通商讨,帮助家长找到合适的方法。这就是引导。

三是引导。引导受助者作出新的选择,尝试新的行为方式。父亲作出新的选择,不再对孩子那么强势和严厉,而是像朋友一样,共同探讨、商定,只在少数情况下、必要时动用权威。这里要说明一下,有些家长发现自己的问题后,开始一味地顺从迁就,这也是不妥的。不能矫枉过正。必要的权威也是需要的,尤其在原则性问题上。比如违法犯罪,或对自身或他人安全会带来危险等问题。

心理疏导和心理咨询有什么区别呢?

心理疏导源于心理咨询,又不同于心理咨询。它们的相同之处在于都以言语的方式进行咨询或疏导。不同之处在于:第一,适用的对象不同。心理咨询用于解决一般心理问题的调适,更多用于解决心理问题。心理疏导适用于发展性心理调节,比如,厌学、青春期叛逆、人际交往、考试焦虑等,完善孩子潜在的个性。

第二,工作性质不同。心理咨询是一种心理治疗辅助行为,而心理疏导是一种协助自我调节的支持行为。

第三,主体要求不同。心理咨询要求工作主体掌握比较全面系统的心理学理论和应用技术,而心理疏导要求工作主体掌握必要的心理学知识和心理疏导技术,以及所在社会分工领域的专业知识。对于家庭教育指导师而言,家庭教育的现状、孩子身心成长的规律都需要了解,本套丛书也基本涵盖了其核心内容。

第四,服务方式不同。心理咨询一般需要具备心理咨询机构的基本条件,进行辅助治疗性服务;而心理疏导更多是融合在具体社会分工的职业能力中,提高岗位技能或生活适应能力。这里,我们应用于家庭教育指导。

简而言之,心理疏导面对的主要是自我改善和效能提升问题,而心理咨询面对的主要是行为矫正和心理辅助治疗问题。对大多数家长、家庭教育指导师而言,我们不一定要学习掌握系统的心理学知识,而是把握住核心内容,深入实践,同样可以成为有效的支持者。

(二)心理疏导技术的要素

心理疏导技术的要素包括主体、对象、环境、目标和工具五个方面。

1. 主体

主体就是我们这些家庭教育指导师，要具备心理疏导技能及其他相关知识技能。

2. 对象

对象就是遭遇了生活挫折或陷入自我发展困境中的求助者。这里的挫折和困境，我们特指家庭教育及其相关的方面。对象就是家庭教育者，统称家长。而家长要面对的是孩子。

3. 环境

我们需要了解目前的社会环境。从上海等大城市当前学校和家庭的互动关系来看，老师可能高估了家长的教育能力。他们把父母亲作为孩子教育的有力助手，寄希望于家长能教育好孩子。由此，老师常常成为孩子成长道路上的情况通报者。或者说，他们把老师这个角色狭隘化了——主要是完成教学任务的教学者。在学生人格素养、思维品质以及心智发育上，老师缺乏更多的责任、意识和实务体系。同样，我们也有太多的家长，高估了学校的教育能力。他们把孩子送往学校，就把孩子交给了老师，以为老师会把孩子教育好。殊不知，教育孩子有很大一部分功能并不是学校老师可以替代的，它们在家庭和父母身上。从某种程度上来说,这种误解使得学校和家庭推卸了真正的教育责任。当心理疏导工作人员对孩子进行疏导时,就必须要考虑这些环境因素。

4. 目标

这里的目标不是疏导工作人员的目标,而是个体自己的自我调节或发展成长目标。这里,我们主要指家长的目标和孩子的目标。我们要厘清:孩子想要做什么? 为何要做? 家长想往哪个方向来支持和引导孩子并自我调整?

在小敏的案例中,小敏对自己的成绩很在意。因为太在意成绩,情绪有时出现过激。这时,家长就可以从如何提升成绩为目标,来鼓励引导他管理好情绪。当这个目标和家长一致后,疏导师或家庭教育指导师也同样以此为目标。这样,大家就站在统一战线上了。

5. 工具

心理疏导的工具主要是指所使用的知识和方法。与心理咨询拥有很多"武器"不同,它只有一把便捷的"手枪"。讲究的是便捷实用,有点像武术中的"绝招",要反复操练,熟能生巧,融会贯通。这个"绝招",我们称之为心理疏导"五步七要领"。这正是我们接下来要探讨的内容。

二、心理疏导五步手法

如图 3-1 所示,聆听、区分、提问、反映和引导,是心理疏导的五步手法。通常在聆听到信息后,首先要区分出对方是"心态性问题"还是"技术性问题"。如果属于技术性问题,可以引导至相应的途径。比如,一位母亲在求助时,提到孩子遭父亲虐待该怎么办,这里涉及未成年人保护法,属法律范畴,是技术性问题,可以建议其拨打法律援助热线。其中的心态性问题,可以由疏导师来处理。如果疏导者自己对该问题领域不熟悉,比如,家长出现抑郁了(虽然疏导师不一定懂得如何诊断抑郁症,但总觉得问题不是那么简单了),并提到有轻生念头,这时,要果断引导这位家长去专业心理咨询机构或精神科进行诊治。

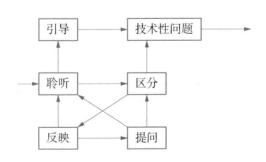

图 3-1 心理疏导五步手法

对于心态性问题,则应当通过提问引发深入探讨,并在进一步区分之后,把心理真相反映给对方,让对方可以观察到自己,并愿意作出新的尝试。疏导者根据实际情况给予恰当的指导,支持个体自我调节和改善发展。

要想成为一名优秀的心理疏导者,就要让五步技巧成为你的本能。心理疏导者的五步技巧是心理疏导技术中最基本的组成元素。在疏导过程中,我们需要将这些技巧综合运用,融会贯通。

（一）聆听

说到听,很多人不以为然:听,谁不会呀? 从小到大,听到现在,这还学? 是的,这真的要学,尤其需要练,而且这是第一步。先讲个故事吧。

很久以前,有个海边来的小国到大国去进贡。贡品是三个一模一样的小金人,浑身金光闪闪,看得国王兴高采烈。但是小国使者却提了一个问题,让大家颇感为难:这三个金人哪个最有价值?

国王请来珠宝匠检查,称重量,看做工,都是一模一样的。怎么办? 使者还等着回去汇报呢! 泱泱大国,不会连这件小事都办不到吧!

最后,有一位胡子白花花的退休老臣说他有办法。于是国王将使者请到大殿,老臣当着使者的面将三根稻草分别插入三个小金人的耳朵里。只见第一根稻草从小金人的另一边耳朵里出来，而第二根稻草则从小金人的嘴巴里直接掉出来，只有第三根稻草直接进到小金人的肚子里，什么异常也没有。

老臣说："第三个小金人最有价值！"使者点头道："答案正确。"只留下大臣们不明所以。

老臣解释道："第一个小金人是左耳朵进右耳朵出，这种人最没有价值。第二个小金人只要听了就会说出去，做事没有原则，或者一听就急于表达自己的观点，不够沉稳，也难委以重任。而第三个小金人，能够全然听取，不急于表达……"

听的第一步，要学会沉默。说得通俗些，叫闭嘴。说得文雅些，叫止语。我国传统文化中还专门设定了"止语"的修习法门。这跟我们做家庭教育、心理疏导也是异曲同工。

所以，听极其重要。人们往往不善于听，而是急于表达自己的观点。在这里，我们用了聆听这个词，是为了强调听的重要性，也是为了聚焦听的方向，便于反复操练。

1. 聆听的目的

听明白事情。

有时候个体说了半天，也不知道说了些什么。聆听者需要从中了解发生的情况,并通过必要的提问,区分哪些是技术性问题,哪些是心态性问题。所以,五步手法需要融会贯通。

小敏的案例中,疏导者先在电话里了解了大致情况,区分出这是心态性问题,可以进行心理疏导。考虑到孩子的抵触情绪,决定上门疏导。上门后,先了解了具体情况及其前因后果、来龙去脉。

2. 聆听时的态度

我们想象一下自己是一面镜子。镜子只会反映出镜像,而不会张嘴说"你应该怎样",也不会从表情中表现出不自觉的评判——"你怎么可以这样?"

心理疏导者如果不将自我放下,就容易给对方错误的反映。我们要学习做第三个最有价值的小金人。

印度哲学家克里希那穆提说过,不作评价是人类智力的最高形式。这里,不作评价并不是指不可以说对错,而是要清楚所谓对错只是为了区别不同的行为,并不是真的有对错,只是不同的特点而已。君子和而不同。作为家庭教育指导师,在应用疏导技术的聆听时,需要做到以下三点:

(1)忘我。放下自己的情绪和身体状况的干扰,让自己的心平静下来。先自我检视一下,如果状态尚不到位,可以多做几次深呼吸,伸展一下肢体,或采取其他自己熟悉的有效方式。当然,这种忘我的状态还是有赖于平时的持续练习。你可以在舞蹈中体验忘我,也可以在太极、瑜伽中,或是跑步中、画画中、弹琴中、书法中、行走中、静坐中、呼吸中,甚至烧饭洗碗中做到忘我,方法越简单越好。找到属于自己的方法,持续练习。

(2)专注和求知。全神贯注,充满好奇,听在当下,全然接收。案例中当小敏对疏导师爱理不理时,疏导师只是静静地待着,随心而动,突然冒出一个问题:什么原因他会这样?可能又冒出一个问题:他对什么感兴趣?他需要别人怎样对他?任何举动一定是有原因的。正如《纳尼亚传奇》中狮王常说的一句话:一定有一个合理的解释。

(3)坦诚开放,抛开批判。当孩子感受到疏导师的坦诚开放,疏导师的不批判时,他才更愿意敞开心扉,敢于说出心中他认为难以启齿的秘密。

有一个求助者,告诉疏导师他曾经虐待自己家的猫,猫不堪痛苦,绝食而死。多年来,他深感懊悔。他说他多年来一直在接受心理支持,但这个秘密始终不敢跟人讲,即使他找过的是有名的心理咨询师。他难以面对对方扫过来的谴责的眼神。当他感受到眼前这位善于聆听的疏导师敞开心扉没有批判的时候,他的心扉也敞开了。他讲出那个秘密时已经如释重负。

有一个孩子,16岁,本来要读高一了,但表现叛逆,不愿读书,跟母亲吵得很厉害,跟父亲还勉强能聊聊。找了很多人,总是聊不下去。这次那孩子又挑战疏导师,她突然说:"老师你笑了,你为什么笑? 是嘲笑我吗?"疏导师平静地回答:"这是你的感受和判断。"不做解释和评判。依然是全然地接纳。后来,和她谈了三个多小时。家长说,带她跑了全国各地很多地方,跟很多心理咨询师聊过,总是聊不下去,这次可以聊这么长时间,估计是聊得来了。心门一旦开启,转机就出现了。

老子说,静为躁君。孩子出现问题,处于躁的状态,不理人是躁的另一种表现形式。此时的疏导师,静是首要功夫。以上三种态度,其实是相通的。这需要千锤百炼,不是看了书就能做到的。

3. 聆听什么

(1)动机,就是出发点。比如,有些孩子违反纪律,是为了引起老师的关注;说谎,是想避免严厉的说教。我们要找到正面,至少是中立的出发点。《纳尼亚传奇》中,对于弟弟的"背叛",狮王说了一句话:一定有一个合理的解释。为什么会再次提到这句话,就是强调它的重要。

(2)信念,即已经形成的认知。这个认知是自己亲身经历综合的结果,轻易不容质疑。信念决定行为,行为决定成果。信念,犹如一个自动导航系统,在指引我们的动向。要想有所改变,我们首先要了解这个导航系统哪里出了偏差。聆听信念是关键。小敏案例中的父亲,就是信念出了偏差。改变信念,才能改变结果。

有的孩子抑郁了,她总是重复:"没什么希望了,什么都没兴趣……"我们要知道,这是她累积出来的信念。首先要允许,她这个信念的背后,一定有一个合理的解释。同时,我们知道,这是可以改变的。

(3) 情绪,蕴藏着很多信息,而且需要优先处理。处理好了情绪,才可以进入下一步,否则容易引起抗拒。处理好情绪的关键,是尊重,接纳。有句话,可以做心法:对方的情绪永远是对的。充分尊重对方的情绪,是第一步。或许一时难以理解,但请尊重。留意这个"对方",也包括我们自己。我们也要允许自己有情绪。

一位母亲对自己年幼的女儿说:"你给我滚回你爸那里去!"我们可以听到深深的怨气。先尊重、接纳,再逐步了解。当了解了来龙去脉后,疏导师对这位母亲的这种怨气就有了一定的理解,同时,也找到了她信念上的偏差。这就为进一步疏导打下了扎实的基础。

除了以上三个要点,同时,疏导师当然也要听对方叙述事情的内容,尽管这仅仅是"一面之词"。只有当疏导师继续深入了解时,真相才会渐渐浮出水面。了解了有效聆听的要素,就要好好锻炼了。

4. 聆听的锻炼

我们能即时听到家长的情绪吗?

能即时听到孩子的情绪吗?

能即时捕捉到自己的情绪波动吗?

我们可以选择一个观察对象,以情绪为要点,每天做记录。看看自己是听到了,还是错过了。每次将错过的记下来,并作出反思。刚开始,可能错过的太多,记不过来。没关系,记录重点就行。所谓重点,就是负面影响较明显的。比如,我们朝孩子发脾气了。过后,才意识到,刚才被情绪牵着鼻子走了。

渐渐地,我们聆听情绪的能力越来越强。每天情绪波动就容易逮住了。我们就像猫,情绪就像老鼠。老鼠一出现,猫就发现了。记下来。可以自定义打个分,并记录必要的相关事件。比如以 3、2、1、0、-1、-2、-3 分别设定相应的情绪状况。

大家可以参考以下记录表(表 3-1)。

表 3-1 聆听情绪记录表

日期：（ ）月	1	2	3	4	5	6	……
兴高采烈 3							
愉悦欢快 2							
感觉不错 1							
感觉一般 0							
惆怅失落 -1							
伤心难过 -2							
焦虑沮丧 -3							

假以时日，我们会看到一条曲线——情绪曲线。

这可以称为聆听情绪日记。每天认真记录，并反思，这是一种有效的锻炼。随着我们聆听情绪的能力越来越强，这条神经链接就越来越结实。我们捕捉到自己的情绪，不是为了压制它，仅仅是觉知它。我们聆听到对方的情绪，也是为了尊重并理解。情绪有时风平浪静，有时和风细雨，难免也会狂风暴雨。要知道，它自然会消失。老子说：飘风不终朝，骤雨不终日。情绪也是一样，不会持续很久，会自动转变。我们能做的，就是静观其变。必要时，可以适当宣泄。找个安全的方式，或者寻求家庭教育指导师、心理疏导师等专业人员的帮助。

有一个特别要注意的是，无论我们怎么精准地聆听，都是主观的。所谓的精准，只不过是相对客观些而已。真正的聆听高手,虚怀若谷。

聆听信念、动机等的训练也可以依此自定义进行。挑一个我们有感觉的点,深入,持续深入。直到有一天,触类旁通。

（二）区分

"区分"是体现心理疏导者价值很重要的一环,心理疏导者不仅要能够区分个体认知当中的盲点,还要有效反应,让个体接收到这个区分,从而看到自己的盲点。

1. 什么是区分?

先问大家一个问题,你知道"同情"和"关心"有什么不同吗?区别出两者不同的这个过程,就是"区分"。"同情"是带有居高临下的意思,"关心"却相对平等。有的人不愿接受"同情",很多有骨气、自尊心强的人,不愿接受"同情"。但很少有人会抗拒"关心"。当你想去帮助人的时候,你可以先自我察觉一下,自己的状态是"同情"还是"关心"?电影《触不可及》中,本来优越的白人男子不幸残疾后,找了不同的护工,只有一个黑人男子令他满意。主要原因就是这名黑人男子不"同情"他,没有把他当作一个废人看待,并不觉得他可怜,照样跟他开玩笑,开心地聊天。其他护工之所以不受待见,是因为没有区分出这里的不同,不了解自己信念的局限。

2. 区分什么？

区分是技术性问题，还是心态性问题，这是基础区分。前面提到过，对于技术性问题，我们给予恰当的引导；对于心态性问题，则进入心理疏导的环节。一般情况下，我们疏导时，可以从以下角度区分。

第一，区分"事实、演绎、真相"。

我们用"狼来了"的故事举例。

事实：真实发生的事件本身。这里指小孩两次说谎。第三次，又说狼来了。

演绎：人们选择看待事实的特定角度或逻辑。这里指人们发现小孩两次说谎后，断定小孩这次一定也说谎。这里，经验、惯性思维导致我们错过了真相。我们要看到，经验、思维习惯并非放之四海而皆准。我们要用经验，同时也要看到，我们的经验是有局限的。这样，我们在与孩子的沟通中，就不至于过于自以为是。孩子也不会觉得跟你们大人没什么好谈的，你们总是对的。

真相：事实背后的真正原因。这里指这次小孩没有说谎，狼真的来了。

第二，要区分出个体主观诉求和真实诉求的差异。通常，个体说出来的要求，是限于他认知局限的，还只是表象。心理疏导者要善于挖掘这个表象背后的真相。

比如,小敏说"我要考四大名校"。但是看他的成绩,尤其是状态,这个目标是遥不可及的。他为什么要这么说呢?可能是他对自己的成绩不满意,怕被人看不起,说一个大目标是给自己壮胆。其实,他只想获得大家的认可。考四大名校是他的主观诉求,获得大家的认可,是真实诉求。

第三,区分"我的事,他的事,老天的事"。

有的家长非常担心孩子以后会怎样不好,搞得自己压力很大,并且转嫁到孩子、爱人身上,导致恶性循环。

有一位母亲,儿子在德国留学。总担心孩子这个不懂那个没经验,于是经常给孩子各种叮嘱。孩子烦了,她就忍忍,过一段时间又忍不住要"关心"。这位母亲恐怕不了解,当她叮嘱孩子时,孩子收到更多的可能是担心、不相信。这种"担心、不相信"多了,孩子容易反感。

这里,给孩子关心叮嘱,就是"我的事"。孩子听不听,听多少,那是"他的事",他最后能达到怎样的成就,是各种极为复杂的因素共同作用的结果,这是"老天的事"——我们这里借用民间俗语。我们只能把握"我的事"。假如孩子没怎么听进去,我们就要了解原因,作出调整和必要的进一步沟通,这还是"我的事"。至于"他的事",和"老天的事",都不是我们能掌控的,如果非要插手,那也是越俎代庖,自不量力。到时不仅自己心力交瘁,结果可能更不理想。儒家讲：尽人事,听天命。电影里说的"我命由我不由天",还是在"尽人事",也就是做好"我的事"。当"我的事"做到极致,或许真能影响到"他的事",甚至"老天的事"。《了凡四训》中也有类似观点。当这位母亲把焦点放在做好并不断优化"我的事"上,而不去干涉"他的事",去接纳"老天的事",那么情况很可能会好转。

顺便补充一个区分。在我们获得一定成绩时,我们一般都会很"愉悦",所谓"春风得意"。那么,其中有没有"傲慢"呢？这是需要我们去区分的,如果有,就要保持警惕。有个词叫"得意忘形",那种状态是危险的。"愉悦"和"傲慢"是不同的。很多区分,需要我们在生活中不断去探索。

3. 怎样让个体认可心理疏导者的区分？

区分之后还要对方接收到才有效。所以,还需要方法：

（1）运用问题；

（2）直接指出；

（3）通过反映；

（4）通过比喻。

我们来看一个例子。

妈妈：我为儿子做了很多,给他上补习班,上篮球课、钢琴班,现在体育重要了,我还监督他跳绳……我都是为他好,希望他以后竞争力强一些,可以找好的工作,娶个好老婆,日子过得好一点。谁知道他并不开心,老是跟我顶嘴,成绩还不理想。我不知道该怎么办。

这里,我们可以应用不同的方法,来区分妈妈的盲点。

运用问题:这些事情是你想要儿子做的,还是儿子自己想要做的?

直接指出:这些事情多数是你想要的,不是你儿子想要的。

通过反映:你说自己都是为他好,其实主要还是为了你自己。

通过比喻:孩子就像是你的投资标的,你希望他为你带来高收益。

以上方法,究竟用哪个合适,在什么情况下用,同样需要反复实践。当你的表达自然了,可以随机应变了,那就说明你找到感觉了。

我们来做个练习。

求助者:去年,老父亲不听我的意见,去全面体检,结果今年查出晚期癌症。管女儿,叫她不要玩手机,女儿跟我吵起来,说不要你管!气得我把手机都摔碎了。我明明是对的,为什么他们总要跟我对着干?我觉得我很失败!

先别往下看,你能区分出事实、演绎和真相吗?

事实:

去年,老父亲不听我的意见,去全面体检,结果今年查出晚期癌症。管女儿,叫她不要玩手机,女儿跟我吵起来,说不要你管！气得我把手机都摔碎了。

演绎：

明明是对的,为什么他们总要跟我对着干？我觉得我很失败！

真相：

有待进一步发掘。女儿可能主要反感她强硬的态度。

老父亲可能有其他顾虑,并不是有意跟她作对。

或许你在阶段性策略上是对的,但是态度呢？时机呢？……你是对的,他人就一定是错的吗？

（三）提问

"提问"是帮助心理疏导者更有效聆听的一个工具。好的问题,引出一条光明大道。这与疏导者平时的修养关系密切。没有良好的修养,当下怎么问出高质量的问题？后面我们会继续探讨疏导者的个人修炼。

提问要注意以下这几项：

（1）资料性——收集资料,拿取信息,多用于疏导的开始阶段。可以用于听明白事情,比如：

小敏你好！现在读几年级呀？

小敏发脾气时会做些什么？

这种情况发生的频率是怎样的？上一次是什么时候？因为什么事情？

孩子发脾气时，你们是怎么应对的？

（2）选择性——提供取向给个体选择，缩小范围更明确。比如：

你是想让孩子先尽快上学呢，还是先在家调整一下状态，等状态好了再去？

（3）引导性——引发家长看某些特定的方向。

假如你们是孩子，家长这么对你，你们会怎么想？

（4）测试性——检测家长的真实状态。

你最近睡眠怎么样？压力状态如何？可否具体描述？

（5）可能性——启发家长看不同的角度、突破局限。

当你放下成见，愿意平等地和孩子沟通，你觉得孩子会怎样？

我现在什么都不想听，我只想知道，我们如何才能做到？

除了你说的这些，还有其他办法吗？（好像没有了）再想想？

（6）宣言性——拿取家长或孩子的下一步行动与成果，多用于行动计划。

那接下来，你打算怎么做？

（7）挑战性——冲击家长的信念，支持其迁善，即调整到一个更积极正面的状态，多用于心态迁善。

可否再勇敢一点？

所以，你是选择继续退缩，还是勇敢面对？

这一句在选择中包含了挑战。挑战的部分一般放在后面。

还需要注意，有些问题其实不是问题，而是包装成问题的观点或情绪。比如，你为什么总是那么悲观？这句话其实是指责，包装成问题表达出来了。这点要特别留意。

放空自己，放下评判，请参考表3-2。

表3-2　批判性与启发性问题对比

批判性问题	vs	启发性问题
已产生负面看法		愿意探索原因
你错了，我是对的		允许不同观点
指责		接纳、支持
情绪容易受影响		保持中立，平静
引发对抗		创和谐、共赢

特别要留意的是，在我们提问的时候，我们要警惕自身的价值取向可能影响我们对事件本身产生的个人好恶的选择。

鉴于这样的原因，我们还要避免某些形式的问题会因为自身的原因产生干扰,所以提醒每一位心理疏导者,慎用"为什么……"开始的问题,尤其是语气加重时,容易给孩子产生指责、不满等误解,由此关闭心门。可以改成"什么原因……",在一定程度上缓和语气。我们现在不妨一试。

以下技巧可以帮助心理疏导者有效提问:

（1）精简;

（2）每次问一个问题;

（3）问完就听;

（4）留意对方的反应;

（5）聆听对方的反映;

（6）提问有关联性的问题。

同时合理应用提问的方式,恰当应用开放式和封闭式问题。

开放式问题是指没有给定答案范围,个体可以敞开回答。比如,这次考试考得不理想,你怎么想？或什么原因？

封闭式问题是指个体只能在给定的范围内作出回答。比如,你对这件事是否满意？

你只需回答"是"或"不是"。所以,不恰当的封闭式问题会降低提问的有效性,甚至会引入"歧途"。比如:

这次考试考得不理想,你是不是最近不努力？

你最近上课是不是经常开小差啊？

你最近游戏是不是玩得太多啦？

（四）反映

"反映"这个能力的运用，对心理疏导者的一个挑战，是收取疏导成果的开始，经由反映之后，引导的过程就是指引家长去到达收获的彼岸。"反映"就像它的汉字组成一样，包括"反馈"和"映照"两层含义。

反馈是指在前面"聆听—区分—提问—聆听"的过程中，家长的真相已经自然浮现，疏导者把家长的真相摊在桌面上让他观察自己的真相。可以让当事人站在旁观者的角度观察自己，看到自己的问题之所在，并看到自我改善的起点和方向。

映照犹如心理技巧中的面质，使家长豁然醒悟，类似佛教禅宗"顿悟"的效果。

映照当头棒喝，印象深刻；反馈平静安宁，看得分明。

1. 为何要反映？

反映，其实就像是镜子的作用。目的是：

第一，帮助家长看到自己的盲点。

第二，反映现状，帮助家长看清自己的现状。

第三，帮助家长认识现在需要学习和改善的地方。比如我们前面讲到的区分案例中，我们通过反映来支持家长看到自己的盲点：你说自己都是为他好，其实主要还是为了你自己。通过反映的方式区分，通过区分的方式来反映。通过提问的方式来聆听、区分、引导，心理疏导五步手法需要融会贯通。

2. 有效反映的关键

首先放下对错，以一份礼物的心态，而不是"你听着，我来告诉你怎么调整"这种状态给家长反馈。这样，家长更容易接受。

刚开始用反映时，难免有些自我的成分。当家长出现抗拒时，要反观自己，焦点在家长的进步上，还是自己的对错权威上。当我们在意自己的对错、自己的权威时，我们就失去了力量，家长也不容易接受。

即使焦点在家长身上，家长也未必能立刻接受。这时，需要允许。允许家长可以暂时不接受。我们可以继续反映："你是否发现，你在抗拒我的观点？"或者，如果感受到家长暂时没有接受反映的心理准备，就停止反映，另觅时机。这些分寸的拿捏，就需要不断实践。

还有一点，就是表达。可以根据实际，用自己的话说出来。实践出自己的风格。

（五）引导

反映真相之后，家长通常会有不同的表现。有人会激动——哈，我知道自己了！也有人迷茫——那我应该怎么改变呢？不管是激动还是迷茫，都需要确认一个新的起点和方向。这需要跳出自己的舒适圈。我们就需要给家长一个方向。这就是引导。

引导，既要对事，又要对人。

对事不对人，那不是心理疏导，显然是错误的——不过也不要太担心，如果收获的季节你只能做到"对事不对人"，说明你实际上是做了一场专向领域的咨询服务，而不是心理疏导。

对人不对事看起来是做了心理疏导，但也不是完整的——因为，虽然人变了，他的事情自然也会变化，但是，普通家长通常没有这么巨大的心理能量去面对结构动力的挑战。他们的人的变化也必须在经历实践中得以实现。他们需要新的与人互动（即应对和处理事情）的方式。所以，心理疏导者要引导个体"让事情因为我而开始有不一样的发生和发展"。

首先，对于桌面上的关于事件的技术性问题，疏导者不能不闻不问，应当给予明确引导意见；碰到自身不熟悉的，应当给予明确转介意见。

深入下去，就是对已经摊在桌面上的事件背后的人的真相问题，疏导者要引导其"适应"和"成长"的路线，并且要提醒,一路上可能会遇到的来自系统中其他变量的"应力作用"——他们可能会不适应你的改变,并可能把你拉回本来的行为模式中,这需要对象有所察觉并主动应对。比如:小敏案例中,当父亲开始改变时,父亲的父母开始"干涉"。这时,跟二老深入沟通,做好思想工作,也是必要的。

三、心理疏导技术的七个要领

聆听、区分、提问、反映和引导五步手法,是心理疏导者的五种基本方法。运用好这些方法,还需掌握七个要领。

(一)主体特征和能力要求

1. 放下自己

"放下自己"是一种态度,是对自己的态度;态度是能力的一部分,很重要。这是第一个要领。我们只有深刻意识到自己的局限,深刻体验到自己与万物之间的紧密连接,我们才能真正地放下自己。

我们从小读了很多书,经历了很多事,生长于不同的环境,接受了不同的教育,渐渐建立了一系列的观念、标准。你有你的,我有我的,他有他的。那么,谁是对的呢?往往都认为自己是对的。就像盲人摸象的故事。这个故事并不是在嘲笑盲人,而是在提醒我们每一个人,要看见自己的局限。只有看见了自己的局限，才会懂得尊重别人的观念。否则，我们就是故事中的盲人。

这是一项修炼，终身的修炼。放下的越多，听到的越靠近真相。

2. 觉知到自己的社会界别特征

物以类聚，人以群分。偏见，是一直以来社会认知的正常状态。每个心理疏导者、家庭教育指导师在其自身工作领域，也会受到社会偏见（当然，也可能是正见）的影响。在这里，作为一名家庭教育指导师、疏导师，对象是家长、孩子。家长对我们的认知，孩子对家长的认知，等等，都是我们要了解的。

家庭教育指导师是爸妈的帮手，他们是联手来对付我的。

我需要心理疏导师的帮助。他们是专业的，值得信任的。

有些心理师不过是纸上谈兵，未必都是专业的。

有的心理师善用"精神控制"。

具体也要看人的。

是否合适很重要。

……

各种看法，需要我们去觉知，并尊重。

3. 欣赏的能力

老子说:"圣人无常心,以百姓心为心。善者,吾善之,不善者,吾亦善之,德善;信者,吾信之,不信者,吾亦信之,德信。"圣人没有主观成见,以百姓的心为心。对于善良的人,圣人报之以善良,对于不善良的人,圣人也报之以善良,所以圣人在善良者的心中鼓励并加强了善良,在不善良者心中培植了善良。对于诚实的人,圣人报之以诚实,对于不诚实的人,圣人也报之以诚实,从而使得人人守信诚实。老子的这段话,放到今天就是"欣赏",欣赏所有人。不过,在现实生活中,"善者吾善之,信者吾信之"容易做到,"不善者吾亦善之,不信者吾亦信之"说起来容易,做起来难。

人们拒绝欣赏就是因为人或事物有缺点、有丑恶。每一个心理疏导者都要树立两个观念。

第一,欣赏不是因为完美和美好,而是因为人和事物的特点。当我们转换思路,会发现"特点"就是完美。维纳斯缺条胳膊,我们却认为她是完美的。月如钩,也可以是完美的。完美是一刹那之间的事情,在一刹那之间,不高不矮,不大不小,不长不短,就是完美。就像拍照,拍的瞬间是完美的,人生在每一个刹那也是完美的。当我们珍惜"特点",在每一个"现在",都可以欣赏到每一刹那发生的事情,可以体验到每一刹那产生的完美之美。

第二，我们接纳、欣赏对方的特点，并不因为这个特点符合我们自身的需求，而是因为这个特点符合对方自身的需求。我们之所以接纳、欣赏对方的某些特点，不是因为这个特点对别人有用，也不是因为这个特点具有某种先进性，而是因为这个特点对他自己有用。一个退缩的男人可能无法令你欣赏，但这恰是他那位有很强自主性的妻子需要的，难道就不应该欣赏他勇敢的退缩行为保障了他们婚姻的幸福和稳定吗？

欣赏，也是种能力，疏导者、家庭教育指导师所必备的能力。

小敏案例中对于父亲的严格要求，小敏敢于表达自己的情绪，敢于挑战权威，难道不值得欣赏吗？

（二）对象特征与主观诉求

"知己知彼"中"知己"部分做好了，有助于更好地"知彼"。知彼通常包括两个"厘清"和一个"区分"。

第一个厘清，是指清楚家长当下状况"之所从来"——个体当下的状况，是有其合理的发展路径的，是各种因素相互交集影响而成的。我们需要找到主要因素，并对其相互制约和影响加以注意。

第二个厘清，是要厘清家长目前所处的结构关系。

一个区分是指区分家长（或孩子）嘴上说的"主观诉求"

和"真实需求"之间的差异。这里的主观诉求,是指家长自己明确提出的要求。而这有可能是表象,或者只是家长认知范围内的需求。我们必须帮助家长拓展这个视野,并作出更有效精准的选择。

比如,有个小孩很调皮,老喜欢跟其他小孩子发生争执,排队什么的也没有耐心。家长求助:该怎么管教他,让他不要那么调皮? 这个目标,是他的"主观诉求",是局限于他的认知的,首先他的认知"小孩这样是不对的,必须要改"。当家长知道这只是个"特点"时,目标就更清晰了。目标拓展成"如何更好地应对这种情况",而不是刚开始的"如何管教孩子"。

（三）环境特征与结构动力

虽然生活在同一个世界,但是不同身份、不同年龄、不同社会层面的人,具有不一样的生活群体和社会活动层面。他们所面临的来自环境的力量是不一样的。有的孩子是单亲家庭,有的父母离异,有的有家暴。

父母离异的,一般要配合做好一件事,就是父母双方不要说对方的坏话。尤其是孩子的监护方,如果总是抱怨对方的不是,会给孩子分裂的感觉。有一位母亲,在孩子4岁时就离婚了。她独自带着孩子非常辛苦,常常把责任、怨气推到孩子父亲身上。甚至当孩子不听话或自己很生气时,会朝孩子大吼：你给我滚到你爸那里去！对孩子的行为不满意时，说：你怎么和你爸一样？孩子在这样的环境中，很容易抑郁。母亲应积极和前夫和解，不再强调前夫的不是。尽量就事论事地跟孩子说：爸爸也是爱你的，尽管以前或许做错了什么。妈妈和爸爸分开，是彼此觉得不合适，但不会影响爸爸妈妈都是爱你的这个事实。这个环境因素不解决，孩子的状况要有明显的改善，就会相当困难。

也有一位母亲，离婚后孩子跟母亲，母亲希望孩子也能经常跟前夫见见面，认为这样会对孩子好一些。但前夫的表现令人遗憾。

母亲：邮件已经发给你了，请查收。

前夫：你还有脸问我要钱？

母亲：你抚养费不付吗？

前夫：我没钱，家都给你败光了。

母亲：这是孩子的抚养费，这是受法律保护的。如果你经济困难可以分期给……

前夫：去死吧你，你死了，我就把孩子接走……

面对这样的父亲，女儿跟他见了面后，回来也很不开心。可想而知，父亲会怎样数落母亲的不是。这种情况下，减少见面也未尝不可，甚至是必要的。

有孩子离家出走了。因为父母经常吵架。父亲为了事业上的突破,常常采用冒险的方式,比如把自己所有的房产都押上,而母亲只希望安安稳稳地过日子。在事业、家庭双重压力下,父亲有时想想从楼上跳下去算了,有时洗澡时会自言自语不知所云,母亲也多次情绪失控。这样的背景下,假如父母亲不能达成共识并和解,共同商讨一个解决方案,并严格贯彻这个方案,孩子的情况是不容乐观的。这次出走,孩子可能也就在家附近散散心。如果父母再不好好调整,下次出走可能就麻烦了。

疏导师参与了这对父母的讨论会,协助他们商讨人生规划。之后还建议他们一起看电影《人生遥控器》。父亲表示要好好经营家庭。这些环境的改变,对孩子是莫大的支持。

也有暴打孩子的、重男轻女的,等等。这些环境因素不加以显著改善,对孩子始终是一个牵绊。

心理疏导者要看到这种结构动力,并重视它的影响力。很有可能发生的情况是:孩子在现场表现良好,看起来跳出了自己的错误模式,愿意开始新的尝试。可是一回到家里,家庭结构动力又很轻易地把他打回原形。所以,心理疏导者必须要事先打上预防针(引导)——让孩子看到发生在自己身上的结构性力量,并告诉他这个结构动力还会在他和结构中的每一个人身上发生作用。

（四）疏导方向和目标设定

如果说前三个要领实际上是对心理疏导工作者的个人心态和思维要求的话，那么接下来几个要领是关于实际操作的要求了。

心理疏导通过反映、澄清和改变受助者的自我认知，来提高行为能力和改善自我发展，解决个体的社会适应问题。如何适应，就有一个选择疏导方向的问题。通常有两个维度的方向。

第一个是重新认识环境和自我，以接纳环境和悦纳自己，从而提高适应能力。这是一个适应计划。小敏的案例中，小敏曾觉得无法适应学校生活甚至家庭生活，觉得现在的学校生活不符合人性，家庭环境也不理想，多次提出要一个人去深山老林里独自生活。后来，在慢慢疏导、互动中，他逐渐意识到目前的状态不佳主要是自己的问题，目前的环境没那么糟糕，甚至还是不错的。于是，小敏开始积极地适应环境。

第二个是重新认识自我，并尝试改变自己的固有信念，在自我突破的同时，获得与环境互动关系的改善。这是一个成长计划。

小敏父亲看到自己固有信念的局限，决心改变，这就是一个成长计划。

选择适应计划还是成长计划,由两个方面的因素决定。其一是当事人比较适合选择哪个方向,其二是心理疏导工作人员有能力做哪个方向。

在作出疏导方向的选择以后,可以设定一个目标。这个目标其实是个体自己作出的"行为宣言",即个体自己想要"如何与以往不同"。

（五）路径选择和方案制定

在明确了疏导方向和目标之后,心理疏导者就要选择一个实现目标的路径。路径选择,一是确定用什么方式从哪些角度来改变个体的固有认知,二是确定个体尝试行为改变的突破口和"杠杆解"。这个路径通常由心理疏导者根据对个体的了解直接作出选择,如果个体有比较强的自我调适能力,也可以和个体一起来讨论确定。

1. 最常用的路径——解释

心理疏导五步手法中的"反映"是最常用的方式,不拘泥于形式,一般只要能够把个体的错误信念像照镜子一样予以显现,摊到桌面上来讨论,个体通常有能力看到其不合理之处,并愿意调整姿态,作出新的尝试。

在这个过程中,心理疏导者对于桌面上东西的解释是很重要的,受认知局限,被疏导者通常需要借助疏导者的解释来理解自我真相,并且得到新的认知,找到改善的方向和方法。

有一个孩子 M 从小喜欢赖床。上幼儿园了，该起床时，妈妈叫不动，为了避免迟到，就直接把她从床上拖起来。

谁知道，这渐渐养成了习惯。

随着孩子渐渐长大，母亲拉孩子起床越来越费劲。但并没有引起足够重视。渐渐地，孩子六年级了，进入青春期，力气也大了。有一天，妈妈拉不动她了。孩子拒绝上学了……于是来求助。

家长的问题出在哪里？大致上，我们可以这样解释：用简单粗暴的方式"解决"了不按时起床的问题。事实上也不简单，多年如一日挺不容易的，而且没有提前进行有效的求助。

有些事情是需要孩子去独自面对的，而家长越俎代庖了。比如，孩子不按时起床，导致迟到，可能会受到老师的批评、同学的嘲笑。这些是孩子要面对的。家长可以帮助他，但不能"包办"。要允许孩子犯错，同时要允许孩子承担一定的后果。有些时候，承担一定的后果是最好的老师。

《成长的烦恼》里青春期的儿子迈克，想骑着摩托车去野外玩。当心理医生的父亲有些担心这样会有危险。跟儿子沟通后，发现儿子是非去不可。于是，就放手让他去。后来,儿子摔疼了屁股,回来了,也不好意思承认摔疼了屁股。父亲也假装不知,故意让他在家里再坐上摩托,让他展示当时在野外的风采。儿子屁股疼,坐上去更疼了,却不敢讲。父亲就这样给孩子深刻地上了一课。

新冠肺炎病毒的蔓延,令很多优越感强的人乖乖地收起了傲慢,开始认真防疫,并且开始养成勤洗手、分餐等讲卫生的习惯,恐怕任何宣传都起不到这个效果。生活往往是最好的老师。家长可以充分利用孩子面对生活中挫折的机会,让孩子明白这是自以为是、自不量力的,而且会为此付出代价。

2. 路径选择,也可以采用一些帮助改变认知的技巧

以前面不按时起床孩子的案例来分析,我们要让家长接受认知上的问题,可以用不同的技巧,比如,可以选择换位体验,就是让孩子当母亲,母亲躺在床上不肯起来,孩子来拉她起床。从不同的亲人角度体验感受生活,尤其是对他的行为感应。彼此换位体验后,对对方的感受都有了一定的了解,彼此的矛盾也缓解了不少。

在彼此有了一定了解和尊重的前提下,可以商定下一步行动。

还有其他可供的选择,这取决于心理疏导者本人的知识结构和能力倾向。

3. 制定方案,是对调适过程作一个基本操作步骤的计划

通常情况下,个体所面临的是一个系统的问题。他们在系统动力的影响下,要完成自我调适,必然需要应对来自系统的应力作用。这往往需要疏导者做一个整体方案来帮助个体的"自助"行动。

孩子 M 案例中,母女之间就可以共同制定一个"契约"。制定后,一定要严格执行。言行一致,极为重要。如果女儿不认账,一定不能轻易放手,但要注意态度和时机。否则,又是"简单粗暴"了。

（六）工作姿态与疏导效果

姿态,是指在参照系中的位置和方向。工作姿态是指工作者所在的位置和工作的方向。心理疏导师的姿态是"助人自助",恰恰不能够"好为人师"。"好为人师"很容易把"疏导"做成了"教导"。

好为人师者通常会给个体以言之有理的忠告,令人遗憾的是忠告往往导致抗拒。因为忠告的背后是"不尊重",它的另一层意思是"你错了,应该换成我告诉你的这样"。个体通过忠告收到的是"你评价他错了"。实际上,如果这个个体平时能够接受别人（尤其是身边人）的忠告的话,就不需要今天的心理疏导服务了,所以这类人大部分不喜欢、不能够接受别人的忠告。

忠告是心理疏导不正确的姿态。

《孟子·离娄上》曰："人之忌，在好为人师。"《易经》第四卦蒙卦也指出，不是我有求于幼童，而是幼童有求于我。当别人来求教时，才为人师。这也是我们疏导师的姿态。

另一种不正确的姿态是"同情"。

要用欣赏来代替同情。一个求助者，他来到你身边求助，需要勇气和信任。我们至少可以欣赏这种勇气和信任。

如何理解个人应该对自己的选择负有完全的责任？引用西方哲学家萨特的一句话：我们是自己的选择。你的过去，你今天的生活状况，以及你的未来，是你自己的选择，不是外界强加给你的。既然是自己的选择，就应该为选择负起责任，为现在得到的一切负责任。一旦人自视为"受害者"，就会放大外界的作用——让别人来界定他的存在或者为他的选择承担责任。

（七）暂停调整与积极终止

心理疏导工作者要为疏导工作的过程负责，而不是为疏导的结果负责。个体发展到什么程度，他们的人生命运不是心理疏导者可以代为决定的。并不是每一次疏导都可以产生最佳的效果，也不是每一个人都可以达到自己理想的状态。况且永远不存在最佳，我们很难确认心理咨询和心理疏导到了哪里算是彼岸。自助助人是有局限的。个体的生命旅程还在继续着，心理疏导者不可能一直陪伴着，所以承认局限性才能让我们真正负担起"自助助人"的责任来。

当发现进程难以继续，就要勇敢叫停，并邀请疏导对象一起回头寻找问题出在哪里。这样的态度，可以获得对方的配合，并有可能找到答案来调整方向或方法。这就需要心理疏导者保持一种退守的态度。如果疏导者自身很膨胀，或者因为害怕出错而一意孤行地陷入说服的陷阱中，疏导就会陷入困境。

遭遇困境，心理疏导者要调整自己的心态，包括去发现自己的障碍。随着心理疏导者自身的调整，疏导进程会发生变化，原本被阻碍的通路将重新显现。

心理疏导者的自我调整，可以寻求同行督导的协助，可以自己静心疗愈，也可以运用信念显示和换位体验的技术，进行自我对话，聆听来自自己内心的声音，让障碍浮现，并予以消除。

保持退守的态度还包括懂得积极终止疏导关系。

心理疏导的关系什么时候结束，通常不是个体决定，而是疏导者决定。很多心理工作者意识不到这一点，或不愿意这么做。有时候很难确认到底是求助者依赖疏导者，还是疏导者在求助者的依赖中体认自己的价值感。当个体自我改变的开关已经开启，疏导者就可以结束这一段疏导关系，把命运的权力交给它的主人。当有下一段需要时，可以重新开始。不要越俎代疱替人安排——疏导者只有轻轻推人一把的权利，并不能安排别人的命运。所有自以为是的自我优越感，只会招致失败。这是心理疏导者必须遵循的法则。

第三节　心理咨询的家庭教育指导服务路径和方法

心理咨询（counseling）是指运用心理学的方法，对心理适应方面出现问题并寻求解决问题的个体提供心理援助的过程。需要解决问题并前来寻求帮助的个体称为来访者，提供帮助的专业工作者称为咨询师。来访者就自身存在的心理不适或心理障碍，通过语言文字等交流媒介，向咨询师进行述说、询问与商讨，在其支持和帮助下，通过共同的讨论找出引起心理问题的原因，分析问题的症结，进而寻求摆脱困境解决问题的条件和对策，以恢复心理平衡、提高对环境的适应能力、增进身心健康。心理咨询是中小学生健康成长的支持系统的重要组成部分。

社会的快速发展与变迁转型、学业竞争的加剧、中高考改革、自身发展中理想与现实的冲突等多重因素叠加，对孩子和家庭提出了巨大的考验。近年来中小学生危机事件时有发生，让全社会感到心痛的同时，也对家长提出了更高的要求。不同部门和机构纷纷开展了多项针对家长的指导课程与主题活动，其中包含对家长开展心理咨询相关理念与技术培训的内容。家长学习心理咨询的重要技术，其目的不是为了帮助家长成为心理咨询师，而是鼓励家长将心理咨询相关的理念和技术运用到亲子关系构建、亲子辅导当中，以改善亲子互动的质量、提升亲子沟通有效性。

我们先来看看下面这个孩子的案例。

🔘 案例3-4

J同学，曾担任学校大队委员，从六年级开始学习成绩一直在年级名列前茅，家庭经济条件较好，身材窈窕，颜值也比较高，是学校老师的宠儿，是父母眼里的骄傲。

九年级开学初，学校心理老师发现该学生异常消瘦，行为举止有异样，遂向班主任和家长反馈，希望家长引起重视，班主任加强观察。但由于家长对孩子的心理健康没有正确认识，内心更希望该学生能在中考中出成绩，成功进入名校，因此认为孩子不吃，逼着她吃就可以了，不至于那么兴师动众。家长甚至对心理老师的劝告有反感和抵触情绪。孩子在病情最严重的时候极度消瘦——超过1米7的个子，体重只有63斤，皮包骨头，样子有点吓人，每天不吃中饭就在学校操场绕圈跑步，看得大家揪心不已。

面对这个外部症状非常明显甚至严重的学生，学校德育处、心理老师和班主任反复做家长的工作，从厌食症成因、表现到严重的结果，掰碎了聊。来回两个多月，家长最终认识到问题的严重性，带孩子去精神卫生中心检查，确诊为重度神经性厌食症。对厌食症个体的治疗需要家庭和医生、学校充分的互动和配合。家长对这个疾病的了解以及相关的辅助技能的掌握非常重要。因此，转变态度的孩子妈妈一边寻找相关材料自学，一边跟随主治医生的要求，同时也从学校心理咨询师那里学习如何与孩子相处、进行沟通的重要技术。在医生的指导下，学校和家长一起建立用药档案、用餐情况档案、体重监测档案，学校和家庭每天记录、每天沟通。当中病情有反复，但在医生、老师和家长的共同努力下，最后小

J安全平稳度过中考,并顺利被零志愿录取。小J毕业后,家长为医生和学校寄去感谢信,感谢医生和学校对孩子的关心和爱护。

神经性厌食症可能是中小学生心理问题中比较少见的情况,但是案例中小J同学最终能够战胜疾病,顺利毕业进入心仪的高中就读,离不开父母态度的转变和近乎专业的支持。小J妈妈在了解厌食症的同时,积极学习了心理咨询的相关理念和技术,并且运用到陪伴小J进行治疗、与小J进行亲子沟通的整个过程中,对小J战胜厌食症起到了非常重要的作用。

对于家长来说,心理咨询中的重要理念和相关技术是可以学习并尝试运用于亲子互动实践中的。

一、咨询关系视角下的和谐亲子关系构建

(一)咨询关系

咨询关系是指咨询师与来访者之间的关系。良好的咨询关系是取得良好咨询效果的基础。霍维茨指出,来访者的变化是通过人际关系中那些支持性的因素产生的,并把这种关系称为治疗的同盟。这个观点同样适用于亲子关系和亲子指导。

咨询关系中咨询师平等地对待来访者,接纳、包容来访者,在共同探讨的基础上帮助对方解决问题。来访者感受到被接纳、被理解,感到有希望,树立信心,愿意接受咨询师的帮助。通过"治疗联盟"的内化,来访者可以产生——(1)积极的情感体验。咨询师对来访者及其问题的认真倾听,表现出理解、同情,并给予解释、支持,使来访者感受到不同于其他人的态度,获得安全感,更信任咨询师,有助于建立"辅导联盟"。咨询过程中,来访者学习咨询师具有的积极反应,并运用到自己与他人的关系中;(2)提高自尊。咨询师接纳来访者不良的情感行为,减轻了来访者的精神压力,使来访者能提高对自己的认识,促进行为方式的改变;(3)认同和移情。来访者认同咨询师的态度是使其发生变化的基础,来访者以积极的行为方式"取悦"于心理咨询师,此时来访者易于接受来自内部和外部的强化,有可能促进形成新的行为方式。

咨询关系是对来访者进行帮助的关系。来访者因遇到难以解决的难题,需要特别的帮助而前来咨询。咨询师要注意是来访者自己要求获得帮助,这是咨询关系,不同于其他的朋友关系、医患关系等人际关系。咨询关系存在于特定的时间场所,是一种具有隐蔽性、保密性的特殊关系。咨询结束,咨询关系也不再继续。咨询关系的亲密程度超过其他的人际关系,来访者有足够的彼此平等、有足够的安全感来诉说内心体验、进行自我暴露和探索,这使得咨询师能够比其他人都了解来访者。双方没有利害冲突,彼此平等。来访者诉说问题时没有顾虑,咨询师能客观地对待问题,对来访者负责。随着咨询关系的发展,来访者把从咨询师那里学来的知识和技能应用到自己的人际关系中去。

（二）影响咨询关系的因素

影响良好咨询关系建立的因素有很多,主要包括共情、尊重、无条件关注、真诚、具体化、及时性、对质等。

1. 共情

共情是不同学者一致公认的最重要的影响咨询关系的因素。共情是咨询师了解来访者内心、体验到来访者的内心感受的能力,即设身处地理解他们的思维和情感。共情也具有治疗效果,共情不足或欠缺都影响咨询关系的建立。

2. 尊重

尊重是指尊重来访者的价值观、现状及合理的权益,无条件接纳和关注来访者是建立良好咨询关系的基础。

3. 无条件关注

无条件关注是指对来访者的言语和行为给予积极的关注,能够认识到每个来访者都有优点和长处,都有潜力尚未发现,都是可以改变和成长的。

4. 真诚

真诚是指咨询师表里如一、真实可信地投入咨询当中。真诚在咨询中具有重要的意义，真诚和尊重、共情等为来访者提供安全的氛围，打消顾虑，敢于直面自己的问题。

5. 具体化

具体化是指咨询师帮助来访者准确清晰地表达自己的观点，态度清楚地叙述概念、情感以及有关事件。

6. 及时性

及时性是指咨询师应注意此时此刻的情况，不过分追究过去和未来。

7. 对质

对质是指咨询师提出来访者存在的矛盾，目的是使来访者能深入了解自己的感受信念和情感行为反应，促进他们更好地面对现实。

（三）引入咨询关系视角的亲子关系建立

前文所述的细节和技术对建立良好咨询关系具有重要作用。同样，如果父母可以学习并运用这些技术于建立亲子关系当中，相信也可以对构建温暖、平等、尊重的亲子关系大有裨益。

例如，父母可以将"尊重"和"无条件关注"等运用于对孩子的理解和接纳中。

下面的案例中 A 同学的父母就给我们做了很好的示范。

⬤ 案例3-5

小 A 同学是一名初二的男生。新学期一开始，小 A 同学的学习态度并不像父母期待的那样越来越刻苦，反而表现出懈怠和懒散。到底发生了什么？初二是迎接中考的重要关口，为什么小 A 反而出现了懈怠？小 A 的父母与他开展了一次对话。

爸爸：儿子，高老师打电话给我和妈妈，说你最近学习状态不太好，上课注意力不集中，犯困，作业完成的情况也不太好。是这样吗？（客观地陈述老师的反映，不武断，不揣测）

小 A：差不多吧。

妈妈：差不多的意思是，老师的反映还是很客观的，对吗？（面对孩子的支支吾吾，妈妈进行了澄清）

小 A：嗯。

妈妈：爸爸和妈妈很好奇，你为什么会有这样的表现？发生了什么？可以告诉我们吗？（对孩子保持尊重和好奇，以开放的态度开始谈话，而不是火冒三丈，直接

批评或者指责）

小 A：我对自己没信心，感觉追不上其他同学了。而且我对学习觉得没兴趣，我喜欢画画，想去多学一点。

爸爸：有自己的兴趣是好事，如果你想清楚了，有自己的目标的话，爸爸妈妈一定会支持你的。儿子，你刚才说你对学习没兴趣，感觉追不上其他同学，是怎么回事？能不能具体地告诉我们？包括你想要学习画画的事情，再具体说说吧，好不好？让爸爸妈妈也了解得更清晰一点。（邀请孩子具体地表达自己的感受和想法，开放且尊重地予以倾听）

小 A：……

这个案例当中，小 A 同学的父母虽然不是心理咨询师，但是他们把心理咨询中如何建立咨询关系的技术很好地运用到了亲子沟通之中，不仅有利于建立和谐开放的亲子关系，而且为亲子沟通和亲子指导营造了温馨的氛围，奠定了很好的基础。

二、心理咨询技术有助于识别孩子的问题

心理咨询是一个综合的过程，它包括收集资料、分析资料、识别来访者的问题、开展咨询等环节，这些环节是不能

截然分开的,而且在咨询过程中这些环节并不总是按照这样的时间顺序依次开展的,事实上这些环节总是相互交错、循环往复,贯穿在整个咨询过程当中,也并不存在专门用于某一个环节的技能。

心理咨询过程中,当咨询师对来访者的基本材料收集好之后,首先要对材料进行整理。材料整理主要是对材料有一个结构或提纲式的归类。包括来访者心理问题的性质、问题的特征、问题的程度、产生的原因等。归类时要考虑对材料的真实性进行验证,同时对材料中关于定性资料的部分进行仔细整理和分析,删掉无关内容。

材料归类、整理好之后就是对重要材料(资料)进行分析,以识别来访者的心理问题,制定咨询计划。

(1) 分析来访者问题形成的原因

问题成因大致可以从个体内部因素和个体外部因素进行分析。事实上来访者心理问题的形成是多种原因交织作用的结果。最初的起因、最重要的起因分别是什么,充分了解过去的历史,弄清问题的发展。

(2) 透过外在行为看到内在期待

心理咨询师应该具备透过来访者外在行为看到其内在需求、期待和渴望的能力。外在的行为常常与问题的本质不相一致,咨询师应具有足够的洞察力。

（3）抓住主要问题

来访者需要咨询的心理问题往往不是单一的，而是综合"症状"。抓住主要问题就是要找到影响来访者心理健康的主导性因素，围绕主导性因素开展辅导工作。

常用的分析方法有：行为分析、作品分析、能力诊断以及教育会诊等。

（4）应用心理咨询技术识别孩子的问题与困扰

信息收集和问题确认是心理咨询取得进展的重要基础。家长可以将这些技术和方法运用于识别孩子的问题当中。这里推荐后现代心理学派萨提亚模式的冰山隐喻，通过对个体当下内在"冰山"的梳理，发现和了解孩子的内在感受、期待和渴望（图3-2）。

萨提亚认为个体能够被外界看到的行为表现或应对方式，就像是露在水面上的很小一部分冰山，而隐藏在水底的巨大部分是长期压抑并被我们忽略的内在。在萨提亚模式中，"冰山"从上至下分别是：行为（包括行为、故事内容）；应对姿态（指姿态）；感受（包括喜悦、兴奋、着迷、愤怒、伤害、恐惧、悲伤等）；感受的感受（关于感受的决定）；观点（包括信念、假设、预设立场、主观现实、认知）；期待（包括对自己的、对他人的、来自他人的）；渴望（包括被爱、被认可、被接纳、被认同、有意义、有价值、自由）；自我（包括生命力、精

行为
（行为，故事内容）

水平线

应对方式（姿态）

感 受
（喜悦，兴奋，着迷，愤怒，伤害，恐惧，悲伤）

感受的感受
（感受的决定）

观 点
（信念，假设，预设立场，主观现实，认知）

期 待
（对自己的，对他人的，来自他人的）

渴 望（人类共有的）
（被爱，可爱的，被接纳的，被认同，有意义的，有价值的，自由）

自我: 我是
（生命力，精神，灵性，核心，本质）

图 3-2　萨提亚的冰山隐喻

神、灵性、核心、本质）。萨提亚模式通过七个层面（"感受"
与"感受的感受"处于同一层面），逐步深入地揭开个体"内
在冰山"的秘密，透过行为看到个体生命中的期待、渴望和
真正的自我，探索出行为最核心、最本质的部分。

▶ 案例3-6

小B同学,男生,五年级,沉迷于网络游戏无法自拔。怎么办?打骂?没用!没收手机?借同学的旧手机!偷玩爷爷奶奶的手机!打电脑!玩iPAD!好吧,父母盯着,坐在旁边守着,但只要父母一离开,小B马上进入游戏世界;况且小B放学早,父母下班到家已经很晚了,根本没法监控。小B的爸爸妈妈尝试了各种方法,"斗争"了很长时间,依然"败下阵来"。孩子的学习和生活都被网络游戏弄得一团糟,每天晚上先玩游戏再做作业,拖到很晚不说,作业的质量可想而知。小升初在即,父母焦虑、担心,谁能帮帮他们呢?

小B的父母通过学校的家长工作坊学习了冰山隐喻,意识到"看到小B沉迷游戏这个行为背后真正的困扰和需求"才是解决问题的关键。那么,到底是什么原因让以前乖巧的小B变成现在这样?

小B的父母根据冰山技术对当下小B的内在做了全面的分析。面对小B冰山的不同层面,父母恍然大悟,网络游戏带给孩子在人际交往、自我价值感、压力应对等诸多方面实实在在的满足!看上去孩子是依恋网络游戏,实际上,真正吸引孩子的是游戏带给他的成就感、与他人的联结和归属感、面对小升初的压力和父母高期待之下的逃避！拨开孩子外在行为的"迷雾"，父母才发现孩子内在的孤单和无助。如果父母只是一味地将辅导目标放在解除孩子的外在行为上，而忽视或者看不到孩子内心真正的脆弱、渴求，那只能是"按下葫芦浮起瓢"，忙着到处去"救火"。小B的沉迷游戏也许能得到缓解，更可能会引发新的行为问题，治标不治本。

案例3-7

　　小学三年级的小C同学，有一个令老师和父母都颇为头疼的习惯，那就是不爱写作业。任凭老师和家长怎么教育、劝说都无动于衷。班主任李老师尝试了很多办法，都没能改变小C的这个习惯。奇怪的是，小C并不是没有能力完成家庭作业，学业成绩尚可，上课也能认真听讲，就是不愿意完成回家作业，不论这份作业是笔头的还是口头的。小C的作业行为让爸爸妈妈百思不得其解，到底是为什么呢？问了小C，他也只说不喜欢作业、不想写作业，无奈之下，爸爸妈妈只好轮流陪在小C身边，盯着他完成。即便这样，小C也只是草草了事，糊弄过去。这样下去，还真不是办法。

　　事情的转机发生在父母试着记录下小 C 在不同情形下的作业完成情况并进行分析。如果第二天班主任李老师带晚托班的话，小 C 是一定不会完成今日的作业的，如果第二天不是李老师带晚托班，小 C 在父母的要求下还可以勉强写一点。看上去李老师是否带晚托班是问题的关键。

　　在父母的咨询观察和分析之下，"真相"慢慢"浮出水面"。原来，只要小 C 没有完成作业，只要李老师在带晚托班，李老师一定会请小 C 留下来，在办公室里和老师一起把作业补好。不但如此，李老师还担心小 C 肚子饿，会准备好点心和水果，这样一来，小 C 不仅可以"霸占"可爱的李老师，还可以吃到美味的水果和点心，因此也获得不少同学的羡慕呢。这样的好事儿，何乐而不为呢。这才是小 C 不肯认真完成家庭作业的根本原因！小 C 的爸爸妈妈在走过一段弯路后，运用心理咨询的冰山隐喻，行为观察和记录等相关技术，终于搞清楚了孩子"坏习惯"的真正原因。

　　我们鼓励家长学习并借鉴一些心理咨询中关于信息收集和发现行为背后的期待与渴望对孩子影响的做法和技术，对于家长理解孩子的行为、确认孩子真正的困难和困扰具有促进和帮助作用。

三、基于心理咨询过程的亲子指导

心理咨询的过程一般包括评估、咨询、再评估和回访四个阶段。

（一）评估

评估是心理咨询的第一步，是整个心理咨询的基础。评估的内容包括以下几个方面。

1. 确定心理问题的类型、性质，判断咨询的适应性

咨询师首先要确定心理问题是属于情感问题、人际关系问题还是其他方面的问题；是属于发展性问题、适应性问题还是障碍性问题。判断心理咨询的适应性是非常重要的，对于器质性疾病、精神病性的心理问题应及时转介。

2. 分析心理问题的程度，有针对性地开展咨询

例如适应性问题可以通过个别心理咨询来帮助来访者增强适应性；发展性问题可以推荐来访者参加团体心理辅导，以团体辅导的方式来训练和指导，提高来访者的心理素质。

3. 找出心理问题的原因

找出原因是评估来访者心理问题的重要内容。往往造成来访者心理困扰的原因都是多方面的，需要咨询师从不

同的角度和侧面开始。

（二）咨询

评估之后，心理咨询就进入了解决问题的阶段——咨询阶段。这个阶段的主要任务有三个：制定咨询目标、选择咨询方案和实施咨询。

1. 制定咨询目标

心理咨询的目标就是心理咨询所追求的效果与所要达到的目的。咨询目标的确立，对咨询过程有重要的价值。

首先，它使咨询双方都清楚地意识到努力的方向，从而制订详细的实施方案，且在实施过程中根据目标对实施方案进行及时、必要的调整。

其次，它有助于咨询双方的积极合作。明确的目标使来访者看到了希望，增强了咨询的信心与动力，也促使来访者成为咨询的主动参与者。

再次，它使心理咨询的评估成为可能。通过确立咨询目标，来访者可以清楚地看到自己的变化，认识到心理咨询在自我成长中所发挥的作用。

制定目标也应遵循一些基本的原则，如咨访双方共同协商、确定；咨询目标应具有针对性且短期目标与长远目标相统一；咨询目标具体可行等。

2. 选择咨询方案

选择咨询方案首先要根据心理咨询的目标，选择相应的方法和技术，然后按其实施过程的要求制订具体计划。选择咨询方案应明确下列内容：所采取的咨询技术和方法；该方法的实施要求，即该做什么、如何做、不做什么；该方法是否能达到预期的目标；告诉来访者必须对心理咨询的过程保持足够的耐心，改变都是循序渐进的，而不是一蹴而就的。

3. 实施咨询

实施咨询的过程中，不同的咨询方法有不同的要求与做法。心理咨询师可以灵活运用倾听、共情、解释等，对来访者的积极求助给予真诚的肯定、鼓励和支持，增强自信，促进积极行为的增长，通过相应的训练和辅导，帮助来访者重新认识自己以及周围的环境，提高认识能力，促进问题的解决和人格的完善。一般来说，心理咨询常用的理论流派包括人本主义的"来访者中心"疗法、行为干预法、认知干预法等，这些干预技术都需要经过一定的专业培训才能掌握。

（三）再评估

咨访双方经过前两个阶段的共同努力且基本达到既定的咨询目标后，即可进入心理咨询的再评估阶段，具体工作如下。

1. 及时鼓励与肯定

心理咨询师应向来访者指出他已经取得的成绩与进步，说明咨询基本达到既定的目标。来访者认识到自己的进步，这对他而言不仅是巨大的鼓舞，也是一种暗示，即预示着心理咨询即将结束，来访者应对此做好心理准备。

2. 开展回顾与总结

心理咨询师应和来访者就心理问题的咨询过程进行回顾与总结。重新审视来访者心理问题的前因后果以及据此确定的咨询目标、方法，对前两个阶段进行总结。这有助于帮助来访者加深对自己问题的认识，总结咨询经验，了解努力的方向。

3. 巩固已有进步

心理咨询师应鼓励来访者巩固已有的进步，鼓励来访者将在咨询中获得的经验迁移到日常的学习和生活中，并逐步内化到自己的观念、行为方式和能力中。

（四）回访

为了了解来访者能否运用获得的经验适应环境以及整个咨询是否成功，心理咨询师需要对来访者进行回访调查。回访调查的时间基本是在咨询结束的数月至翌年的时间进行。回访的途径包括：邀请来访者填写信息反馈表；邀请来访者定期来面谈，这种方式因其面对面、直接交流而获得第一手的大量信息，也便于心理咨询师及时发现和察觉问题，及时处理和应对；访问来访者关系密切的人，但是要注意保密，保护来访者的隐私不受侵犯。

回访的结果可以作为评估心理咨询效果的重要依据，如果效果良好，可以结束心理咨询；如果来访者的问题尚未解决，心理咨询师或者提供后续咨询或者及时进行转介。

（五）心理咨询常用技术简介

许多专业心理咨询与治疗的著作中，都有对心理咨询（治疗）流派和技术的介绍。这里我们主要介绍心理咨询的几个常用技术。对更多流派和理论系统的了解可以从其他专业书籍中学习。

1. 倾听

（1）倾听的含义

倾听是心理咨询师的基本功，也是建立良好咨询关系的基本要求。倾听是在接纳的基础上，积极地听、认真地听、关注地听，并在倾听时适度反应。倾听并非仅仅用耳朵去听，更重要的是用心去听，设身处地地感受；不但要听懂来访者在叙述中表达出来的内容，更重要的是听到没有表达出来的隐蔽的内容。

（2）倾听的技巧

心理咨询师在倾听过程中尽量克制自己，不要随意打断和插话,不以个人的价值观来评判来访者的主诉(除非涉及保密例外的内容,如来访者的生命安全、法律问题等),并以积极的态度回应对来访者内心体验的认同。

① 真诚地听

以真诚为基础,无条件地接纳来访者。倾听过程中不带偏见,不做价值评判。

② 积极地听

心理咨询师倾听时不仅要掌握来访者歪曲的认知和消极的行为模式、负性的情绪等,更要看到来访者积极、光明的一面,潜在的资源和能力。

③ 认真地听

辅导过程中,来访者所述不一定是心理咨询师感兴趣或者认同的内容,但是认真倾听才能把握来访者问题或困扰的信息和原因。

④ 关注地听

心理咨询师应关注地听、敏锐地听,既关注来访者目前的"症状",又关注来访者的情绪体验;既听来访者的言语信息也关注来访者的非言语信息;既关注来访者的问题又关注其潜能与资源。

⑤ 回应地听

倾听的过程不是单一的"你说我听"、毫无反应,心理咨询师可以用一些词、句子或动作来鼓励和回应来访者，一方面表示咨询师在听，且听懂来访者的叙述，一方面也可以鼓励来访者继续会谈下去。

2. 共情

共情又叫同理心、同感等，是心理咨询中非常重要的技术之一。共情是指在咨询过程中，心理咨询师要进入来访者的情绪和想法参照框架中，以来访者的眼光去看他的世界，以来访者的心情去体会他的心情，以来访者的想法去推理他的想法，只有这样才能了解来访者的独特感受，才能表达与来访者站在"同一立场"的愿望并作出相应的反应。

共情的观念最早是来访者中心疗法创建者罗杰斯描述的。罗杰斯认为，人的行为是每个人独特的感知的产物。要想理解来访者的行为，同时帮助来访者理解他们自己的行为，咨询师必须"感受来访者的个人世界就好像那是你自己的世界一样，但又绝未失去'好像'这一品质"。心理咨询学者进一步发展了共情的概念，认为它不仅仅是咨询师的一种特质，同时也是一项咨询技术和咨询过程。

共情的过程包括几个阶段，并构成一个循环。共情过程的循环包括五个阶段：来访者表达、心理咨询师感知、心理咨询师理解、心理咨询师表达、来访者感知。

正确使用共情，需要注意以下几点。

（1）心理咨询师应走出自己的参照框架，进入来访者的参照框架，把自己放在来访者的处境来尝试感受他的感受。感受越准确、越深入，共情层次就越高。共情不是轻巧、浮夸地回应来访者，而是真正进入对方的框架，真正体验对方的感受。

（2）心理咨询师如果不太确定自己的理解是否准确或自己是否达到共情时，可使用尝试性、探索性的语气表达出来，请来访者检验并作出修正。

（3）共情的表达应适时、适度，因人而异，否则会适得其反。共情程度应与来访者的问题严重程度、主观感受程度成正比。过度共情会让人感到心理咨询师小题大做、过于浮夸，而共情过浅则会对来访者的理解不够。

（4）共情的表达除了言语外，还有非言语表达，如目光、面部表情、身体姿势、动作等。有时非言语表达共情比言语更有效。

（5）共情不同于同情、认同。心理咨询师如果是同情而不是共情来访者，那么咨询师就只会体验来访者的痛苦，没有能力和空间看到更多的信息和资源。咨询师也容易只是把"减轻来访者的痛苦"作为辅导目标，失去了帮助来访者完善和发展的长远目标，失去客观性。

心理咨询师在使用共情技术时也要考虑来访者的个人特点和界限,如文化、宗教、民族等。

3. 提问

提问是心理咨询中最常用的技术之一。通过提问,咨询师可以促进与来访者的交流,可以鼓励来访者更加开放,可以澄清问题,收集更多信息。心理咨询中的提问也具有其特殊性。

提问技术的使用应遵循以下几个原则。

(1)提问应有的放矢。

咨询师应该清楚地知道自己提问的目的是什么。有的咨询师在来访者沉默时不恰当地提问,是因为自己无法忍受焦虑;有的是由于对来访者缺乏共情,提出的问题漫无目的,这样的提问都不会鼓励和帮助来访者,也无法增进双方的关系。

(2)掌握提问的时机。

当咨询师有了提问的想法,也不能随便打断来访者的谈话。这样做,一方面打断来访者的思路,他会感到没有受到尊重;另一方面,咨询师也会失去对来访者的关注,无法做到充分地倾听。咨询师应该等到来访者出现停顿时提出问题,但也不应当等的时间太长,如果等到来访者已经转换了话题再提问,则会破坏谈话的节奏。

（3）提问的数量和速度要适应来访者的需要。

有些问题非常重要必须提问，有些问题可以放在以后提问。咨询师提问以后要给来访者足够多的时间作出反应，不要着急，更不要逼迫来访者回答。不同的来访者针对不同问题作出反应的时间也是不同的。

（4）提问不仅仅是为了获得信息，还应让来访者感到咨询师共情的态度。

提问应该起到支持和咨询的双重作用，咨询师在提问时应表达共情的态度，作出一些情感反射，如咨询师可以这样说，"我知道这个问题对你来说很困难，但这个问题对我理解你的现状非常重要"，或者"如果这个问题让你感到很为难，你可以选择不答，或者在你认为适合的时候告诉我"，这样来访者感受到咨询师理解和共情的态度，即使有一些困难的问题，他们也愿意回答。

（5）及时反馈。

心理咨询师在继续提问之前，适时地对前面的提问和来访者的回答做一些总结，反馈给来访者，让他感到咨询师关注并理解他，然后再继续提问。这样整个辅导进程才会更顺利、更有效。

4. 解释

解释技术是指心理咨询师运用心理学理论来描述来访

者产生某种思想、情感和行为的原因以及这些思想、情感和行为的实质等，或对某些抽象复杂的心理现象、过程进行解释。应用解释技术，能使当事人从一个新的、更全面的角度来审视自己所面对的困扰及周围环境并借助新的观念和思想来加深对自身行为、思想和情感的了解，产生领悟，提高认识，促进自身的改变。

解释技术的使用也应注意相关细节，因人而异。有些来访者文化水平高，有一定的心理学基础，领悟能力强，解释时可以深入些、系统些、全面些。对于理解能力不够强、年龄段较低的来访者，应尽量解释得通俗一些，少用专业术语，多打比方、举例子，帮助他们理解。

此外，心理咨询师不能把解释强加给来访者。一方面，不能在来访者没有心理准备的时候就匆忙解释，这样往往会使来访者不知所措、难以接受；另一方面，不能把来访者不认同或者有怀疑的解释强加给他。最有效的解释是与来访者的思想基础、理论取向有某种程度的吻合。

5. 对质

对质是心理咨询中一种常用的重要技术，是咨询师有意识指出来访者的行为、感受、想法、态度等之间的不一致。目的是加强来访者对自身问题的自我觉察和理解，并由此激发来访者改变的动机。对质是一个容易引发误解的词，心理咨询里的对质与我们社会交往中提到的对质并不相同。心理咨询里的对质不是一个孤立的行为，它是一个过程。对质是通过关心、共情的态度指出来访者身上的不一致，并和来访者一起探讨、分析它们的原因和意义，最终提高来访者的内省，促进来访者的改变。

对质的具体运用要点包括以下几个方面。

（1）心理咨询师必须在理解来访者不一致的原因、意义和作用后才能提出对质；

（2）对质时的态度应该是共情、关心和帮助的，目的是启发来访者，而不是挑战；

（3）对质的内容一定是和咨询密切相关的；

（4）掌握好对质的时机，不要在咨询快要结束时进行对质，结果没有时间和来访者进一步谈论、分析；

（5）对质应该尽可能具体化，表达简洁、明了，避免抽象、模糊；

（6）开始对质前一定要考虑来访者心理上和情绪上是否能够承受；

（7）一定不能让来访者认为咨询师是在指责、批评或评判；

（8）心理咨询师不能将个人的不满、敌意或防御加入到对质当中；

（9）不要过度使用对质技术。

（六）心理咨询过程对亲子指导的参照性

上文对心理咨询的主要过程和常用技术做了介绍。我们再次强调，学习心理咨询的技术和方法并不是要求大家成为心理咨询师，而是鼓励大家可以从心理咨询中借鉴一些理念和技术，开拓家庭教育的新路径、新方法，从而能够更全面、客观地了解孩子、改善亲子关系、增强家长对孩子的影响力，在孩子有需要的时候成为他们最有力的支持者和引导者。

下面介绍一位在接受心理培训课程的爸爸，面对孩子在情感上的困扰，如何陪伴孩子，如何运用心理咨询的技术帮助孩子看清自己的内在真正需求，从而解决困扰的过程。（此次分享征得当事人的同意，内容有部分删改，隐去个人信息，供家长们参考、学习。）

▶▶ 案例3-8

我的儿子叫阿俊，是一名高中二年级男生，目前住校。8年前他母亲因病过世，我忙于工作，平时和他的交流不多，只有周末他回家的时候我们才能有两天的短暂相处。家里房子比较小，条件一般，我觉得对不起孩子，没能给他更好的条件。可能老师知道我们家的情况，所以区里进行针对家长的心理课程培训的时候,学校给了我一个名额。老师觉得阿俊很内向,不愿意袒露心声,作为他唯一的亲人,我们交流不多,老师希望我可以去学习一下心理学,在生活中可以和孩子多交流,给孩子一些支持。我很感谢这次学习机会,在家里也尝试着和儿子主动进行交流,尊重他的想法和决定,于是孩子跟我讲了一件他的心事。

阿俊跟我说,有两位一直与他交好的女生,最近都向他表达了想与他做男女朋友的意思。之前他也是模模糊糊能感受到女孩子对自己的关心,虽然心中有一点点明白,但都没有挑明。可是最近两个女孩子都明确和他说,喜欢他,想和他做男女朋友。阿俊觉得女生A和女生B都有各自的优点,各有讨人喜欢的地方,可是,他不知道自己更喜欢哪一个,更想和哪一个做朋友,但是也不想两个都拒绝。好像哪个都可以哪个又都不可以。他怕接受这一个、拒绝那一个,会让对方伤心,连朋友都没的做。"我想继续和她们两位做朋友,保持互相关心和互相鼓励的关系。"阿俊说。

"儿子,老爸问你,你感到为难的是什么?"

"我不想失去这两个朋友。"

"儿子，老爸再问你，朋友对你意味着什么？"

"温暖，支持，鼓励，力量。"

"这些对你很重要吗？"

"是的。我特别害怕孤单。我其实觉得自己很孤单的。我藏起来，不想人家看到我的孤单。"

"你害怕别人看到你的孤单？"

"是的，怕人家笑话我，看不起我，我没有了妈妈，你也经常见不到，有时候我感觉好像也没有了家……"

儿子的眼泪流出来，我的心也痛了，儿子说"没有了妈妈""好像也没有了家"，这让我觉得心疼、惭愧和内疚。

"儿子，如果你被支持，被鼓励，被温暖，你会怎么样？"

"我觉得我的人生还是有希望的。我不是一个人，还有人爱我，关心我。"

"所以，你害怕失去给你关心、温暖和支持的两位女生中的任何一个，失去了她们就好像失去了温暖和关爱。"

"是的。是的。"

阿俊重复了两次。

看着儿子,我心里很复杂。他妈妈过世以后,我在经济上的担子也更重了,为了多挣钱,我忙于工作,常常很晚到家,有时候他连晚饭也没的吃,经常饿肚子,有时已经睡觉了我才到家。其实,儿子很像我,我也是不善言辞,和孩子也说不了几句话。现在我的收入比较稳定了,也存了一笔钱,足够阿俊念大学。现在我特别想和儿子更亲切一些,能说说心里话。在老师的指导下,我现在主动跟阿俊分享我的工作、生活、情绪等等。感觉孩子也在慢慢接受我,今天他能告诉我他心里的这个秘密,我觉得特别开心,感觉我们父子的心更近了。

我理解阿俊很渴望亲情和温暖。我现在知道这次向他表白的两个女生在生活中很关心、照顾他,包括他的饮食和学习(会为他买早饭,为他带零食,也会关心他是否快乐),这让他倍感温暖。而他的困扰也来源于此,拒绝任何一个女孩,都等于失去了一份他渴望的温暖。

阿俊是个好孩子,他知道这样对这两个女生是不公平的。他受到的教育、他的道德感让他觉得他的"不选择"、他的"贪恋"对他的朋友们是不公平的,但是他真的舍不得放弃。

我带阿俊去他喜欢的餐厅吃了晚饭。回来的路上我买了两瓶啤酒,给阿俊买了可乐。我记得心理培训的老师推荐我们多创造一些亲子之间温馨的活动和氛围。我们父子晚上一起坐在阳台上聊天。阿俊告诉我,他其实心里知道他在犹豫什么。他的心情很复杂,他知道自己内在的渴望,对亲情的渴望,对爱的渴望,但他屈从于这种渴望,所以还是不想对任何一个女孩说"不"。他为自己的这种"屈从"而给女孩子带来的伤害觉得内疚,为自己的自私感到自责。我很欣慰阿俊是个善良的孩子,同时也觉得心酸,我没有照顾好他,所以他才有这样的对温暖和被爱的渴望。

"儿子,你知道自己对这两个女孩子是一种怎么样的心情和态度吗?是异性间的喜欢还是其他?"我问阿俊。

阿俊跟我说,他的确对"关爱"和"温暖"充满了渴望,这两位女同学都给他带来了温暖的感觉,他特别珍惜。这种温暖的感觉是一样的,所以他很难分清楚谁更重要。他担心他的选择或者决定会让另外一个离开他,再也不关心他,对于这份缺失他很不能接受。所以,他一直就这样拖着,既不答应也不拒绝她们的做男女朋友的要求。可是同时他为此很自责,觉得自己很自私,甚至有些利用别人的感情的意味。

"儿子,对不起,是爸爸疏于照顾你,没能看到你的孤单。爸爸忙于工作,所以你才特别珍惜同学给你的温暖。对不起,是爸爸不好。我现在知道自己做得不够,我会尽量改正。

"儿子,当同龄人还在各种依赖父母的时候,你不但把自己照顾得很好,包括你的生活和学习,甚至很多时候也肩负起了照顾爸爸的责任。你是一个很能干、很聪明的孩子。虽然妈妈不在了,但是你还有爸爸,还有你的阿姨、姑姑和其他亲人,我们都在,都在关心你,可能大人们也不知道做些什么才好,更不懂得表达和交流。如果你以后有什么问题不想跟爸爸说,也可以跟你的两位阿姨和姑姑谈谈,她们都可以从女性、长辈的角度给你一些建议,好不好?"

"好,我差点忘记她们了,阿姨们和姑姑。"

"儿子,你现在 17 岁了。现在的你,如果少了这样一份来自朋友的关心,你会怎样?你已经不再是 9 岁的失去母亲的小男孩。"

"也不会怎样,我能够照顾好自己。不需要紧紧抓住别人给予的关心和温暖。"

"即使没有她们的照顾,你依然还是有很多朋友,你也可以自己照顾好自己。"

"是的。我有这个能力。我有些贪心，这对她们是
不公平的。"

"试试看，真诚地对她们说，你只当她们是朋友。"

……

一个多月后的一天，阿俊跟我说："老爸，我和那两
个女孩子都说了心里话，她们都能接受。现在，我们还
是好朋友。只是，彼此间好像有点小尴尬。不过，我相
信随着时间的过去，一切都会好的。"我拍了怕儿子的肩
头，为他骄傲。

这篇亲子指导案例中，阿俊爸爸虽然不是心理咨询师，
但是他有着敏锐的觉察力和超强的学习力。当他从心理培
训课程中学习到如何与青少年互动、如何借鉴心理咨询的
技术以开展家庭中的亲子指导时，他能立即运用到生活实
践当中。当他与儿子建立了良好的父子关系后，孩子就愿
意与他坦诚地交流自己的困扰。

阿俊爸爸首先通过和阿俊的聊天，帮助孩子发现自己
的期待和渴望，不是选择哪个女生做女朋友，也不是如何拒
绝女生的请求，而是他内心对亲情对温暖的渴望。

然后先从自我反思开始，主动承认自己的不足：没能

更多地看到孩子的孤单，承诺今后要进行改变；同时，帮助孩子看到，即便妈妈不在了，仍然有很多亲人陪伴在他身边，当孩子遇到需要向妈妈请教的问题时，可以向阿姨和姑姑求助。

接下来，阿俊爸爸提醒他已经不是 9 岁的小男孩，而是一个 17 岁，具有很多能力和资源的近乎成年人的高中生，重新以新的视角来看待生命历程和自己，勇于直面自己的内心，坦诚地与两位同学交流，接纳可能产生的后果。

最后，困扰阿俊的事情得到了很好的解决，孩子也经由这个过程获得了进步和成长。

在这个亲子沟通和指导的过程中，阿俊的爸爸以一个不是心理咨询师却拥有相似的理念和技术的家长身份，很好地帮助孩子破解了难题，增进了彼此之间的感情。

参考文献

［1］伯格.人格心理学(第7版)[M].陈会昌,等,译.北京:中国轻工业出版社,2010.

［2］陈亚囡.家庭教育指导需要政府支持之思考[J].理论界,2014(05):196－198.

［3］戴吉,姚瑞,戴嘉佳,夏璇.抑郁发作大学生的系统式家庭治疗个案报告[J].中国心理卫生杂志,2021,35(02):89－94.

［4］卡特,等.成长中的家庭:家庭治疗师眼中的个人、家庭与社会[M].高隽,等,译.北京:世界图书出版公司,2007.

［5］李松涛.家庭教育的社会支持研究[D].辽宁师范大学,2014.

［6］李晓巍,刘倩倩.学前儿童家庭教育的社会支持:回顾与展望[J].河北师范大学学报(教育科学版),2021

（01）：126－134.

［7］ 林崇德.发展心理学［M］.北京：人民教育出版社，2018.

［8］ 刘婷，张冬梅.系统视角下的心理治疗——读《萨提亚家庭治疗模式》有感［J］.江苏教育，2020（64）：35－37.

［9］ 刘新宇.重构家计：转型社会的家庭研究理路［J］.中国社会科学院研究生院学报，2018（06）：24－32.

［10］ 罗良针，陈新利，刘越.家庭对初中生学业压力影响的实证研究——基于家庭生态系统理论［J］.南昌教育学院学报，2019（3）：16－23.

［11］ 迈尔斯.社会心理学（第8版）［M］.侯玉波，乐国安，张智勇，等，译.北京：人民邮电出版社，2009.

［12］ Margret, M. E. , Emily, H. M. Growth of the Family［J］. Families in society, 1941,22(4)：130－131.

［13］ 钱璐.系统式家庭治疗在学校心理辅导中的应用研究［J］.江苏教育，2020（16）：9－10.

［14］ 全国社会工作者职业水平考试命题研究组.社会工作实务［M］.北京：光明日报出版社，2017.

［15］ 唐灿.中国城乡社会家庭结构与功能的变迁［J］.浙江学刊，2005（02）：201－208.

[16] 童辉杰,黄成毅.当代中国家庭结构的变迁及其社会影响[J].西北人口,2015,6(36)：81－88.

[17] 王丹.在系统中探寻心理的"症结"——由学业压力引出亲子关系问题的个案分析[J].和谐教育研究,2011(49)：18－19.

[18] 王静,匡梦叶,李春丽.社会生态系统论下社会组织介入家风与青少年教育的功能与路径[J].延边教育学院学报,2020(03)：68－70.

[19] 王区区,于涛.构建家庭教育社会支持系统的策略探析[J].中国多媒体与网络教学学报(中旬刊),2020(10)：214－216.

[20] 相旭东.心理疏导技术和运用[M].上海：上海社会科学院出版社,2016.

[21] 谢弗.发展心理学：儿童与青少年[M].邹泓,等,译.北京：中国轻工业出版社,2016.

[22] 姚莹.系统式家庭治疗理论在初中心理健康教育中的应用[J].江苏教育,2020(88)：45－46.

[23] 张单亚,马悦.论社会组织对农民工随迁子女教育的支持作用[J].河北农机,2020(10)：89－90.

[24] 郑璐璐.一例工读学校学生的个案心理访谈[J].社会心理科学,2013(28)：113－115.

后记

　　心理疏导和家庭教育个案咨询做得久了,对芸芸众生便有了更直观和深刻的体验。我经常跟身边人感慨人类生命的韧性。没有做过个案咨询的人大概不能理解,很多被父母亲送来求助的孩子,他们生命情感中经历了多少不必要的、没来由的、莫名其妙的"爱的伤害"。爱怎么会伤害人呢? 仔细想想,你发过的最大的脾气和火气是不是冲着你爱的人去的? 你的很多纠结和愤懑是否来自那个爱你的人?

　　我们被自己的情绪左右,太多的家长在家庭教育过程中被自己的情绪掌控,以至于失去了判断是非曲直的能力。是家庭教育的困境让家长们更焦虑,还是家长们的焦虑让家庭教育一步步陷入困境? 这个问题值得思考,应该是二者互为因果,伴生而长。

　　本套丛书五个分册,基本涵盖了家庭教育中可能出现的困难要素。对家庭教育指导服务的实践者来说，经常出现好比盲人摸象的情形。很多指导工作者热衷于某一种心理学的临床技术或者流行的方法，动辄对出现厌学行为或者自我妨碍行为的孩子进行心理测评，把心理咨询和治疗当作化解教育问题的万灵药，这是一种令人忧虑的现象。稍有疑惑就上医院接受诊断，实际上可能只是触摸到了造成孩子不如人意之行为表现的一部分原因，甚至可能本末倒置、缘木求鱼。让一个孩子产生生命轨迹变形的原因不会那么单一，往往都是多重原因组合起来才发生了令人惋惜的变化。

盲人摸象式的关心，看起来大家都很重视孩子们的心理健康，实际上是大家都很紧张孩子们的心理健康。紧张不等于重视。重视孩子们健康成熟人格的发展，往往并不在于你为孩子做了什么事情，而是取决于你为孩子做对了什么事情。

每一个家长都有责任反思自己："我为孩子创造了怎样的家庭文化氛围？我为孩子的身心发展提供了哪些支持？我为孩子实施了怎样的家庭学习管理？我为孩子创设了怎样的家庭人际关系？我为孩子发掘了怎样的社会支持？"这五个问题，就是我们五个分册的核心：家庭文化影响了家庭教育，家庭教育必须吻合孩子身心发展，学习管理成就孩子的学习效能,家庭关系左右着孩子的心理动力,社会发展的公共服务要真正有助于家庭教育。

很遗憾,对于这五个问题,有些家长一个也回答不了,他们这些方面都没有做好。自己做不好的,却要求孩子做好;自己一直在生产负面能量,却要求孩子的生命仓库里有阳光。这实在是一种困难。这就是我们今天碰到的家庭教育的困难。家长们需要学习和提高,孩子们需要拥有更好的家庭成长环境。

因为和上海开放大学王伯军副校长谈论过家庭教育指导的实践,我便接受了主编这套丛书的任务,对此我感到很荣幸,也倍感责任重大。丛书从立项到正式出版,只用了半年多的时间。能够在这么短的时间内完成,要感谢上海开放大学王伯军副校长,上海市教育委员会江伟鸣调研员和上海开放大学非学历部王松华部长、姚爱芳副部长四位领导和其他工作人员的大力支持。同时要感谢丛书每一位编写人员,特别是孙传远、陈小文、张竹林和丁敬耘四位同志,除了完成各自负责章节的编写,他们还分别承担了本丛书中的《家庭文化与家庭教育》《家庭关系与家庭教育》《学习管理与家庭教育》和《社会发展与家庭教育》的主编任务。丛书编写之初,我们分别召集五个分册的编写人员召开了小组研究交流活动,统一了思想观点和实操认知。每一分册都由至少四位编写人员通力合作来完成。术业有专攻，家庭教育涉及诸多方面，我们编写团队发挥各自的优势，相互补充和完善，很好地完成了编写方案，实现了预期目标。

书中大部分案例都来自编写者在家庭教育指导领域的实践，对案例主人公进行了必要的个人信息模糊化；其中比较详尽呈现的案例，不仅作化名处理，还特意征询了实际当事人的意见，征得了他们的同意。这套丛书的出版，也要感谢那些曾经向我们求助如今支持我们的家长朋友们。

"家庭教育指导丛书"的出版，还要感谢上海远东出版社张蓉副社长和她领导的编辑团队，他们为丛书的设计和出版付出了辛勤的劳动和智慧。

作为主编，我参与了每一分册的编写，深知每一本书里都饱含作者深深的感情和思想，搁笔之际，倍感留恋。再次对每一位编写者表达真诚的敬意，并代表全体编写人员表达我们共同的心愿：愿本丛书能给千百万家庭带去温馨、力量和阳光。

相旭东

2021 年 5 月 15 日于茸城半日轩

后记